AF561607

NOTE

SUR LE

CATALOGUE GÉNÉRAL

DES MANUSCRITS

DES BIBLIOTHÈQUES DES DÉPARTEMENTS

SUIVIE DU

CATALOGUE DE 50 MANUSCRITS

DE LA BIBLIOTHÈQUE NATIONALE

JANVIER 1873

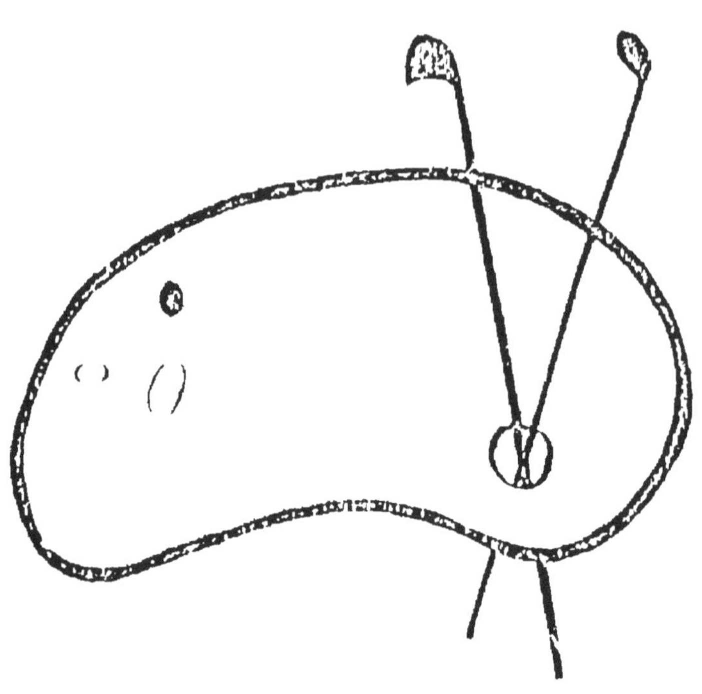

NOTE

SUR LE

CATALOGUE GÉNÉRAL

DES MANUSCRITS

DES BIBLIOTHÈQUES DES DÉPARTEMENTS

SUIVIE DE

CATALOGUE DE 50 MANUSCRITS

DE LA BIBLIOTHÈQUE NATIONALE

JANVIER 1873

NOTE

SUR

LE CATALOGUE GÉNÉRAL

DES MANUSCRITS

DES BIBLIOTHÈQUES DES DÉPARTEMENTS.

La publication d'un Catalogue général des manuscrits des bibliothèques des départements a été prescrite par une ordonnance royale du 3 août 1841. Conformément à cette ordonnance, le ministère de l'instruction publique a fait paraître en 1849, 1855, 1861 et 1872 quatre volumes in-quarto, qui contiennent la notice d'environ 6700 manuscrits, conservés dans quatorze bibliothèques publiques (Albi, Arras, Autun, Avranches, Boulogne, Épinal, Laon, Montpellier, Saint-Dié, Saint-Mihiel, Saint-Omer, Schlestadt et Troyes).

Il ne peut y avoir qu'un avis sur l'utilité de cette publication, et sur les services journaliers qu'elle rend, d'une part, aux municipalités, pour assurer la conservation et mettre en lumière la valeur de leurs plus précieuses collections, — d'autre part, aux savants, pour les guider dans leurs recherches. Ce qui peut inspirer des regrets, c'est que les volumes se succèdent à de si longs intervalles. Ce qui peut être contesté, c'est l'obligation de suivre minutieusement à l'avenir un plan qui pouvait être bon quand il a été proposé il y a plus de trente ans, sans qu'il réponde aujourd'hui à toutes les exigences de la bibliographie. Mais, comme il reste plus de 50,000 manuscrits à décrire, les commissaires chargés de diriger l'entreprise ne sauraient se dispenser de rechercher et de soumettre à l'approbation du Ministre toutes les améliorations qui auraient pour effet de hâter la marche du travail et d'en augmenter l'exactitude et l'utilité.

Remarquons d'abord que, dans les quatre volumes publiés,

l'uniformité n'est qu'apparente. Tandis que certains rédacteurs se sont astreints à donner des dépouillements complets, d'autres se sont bornés à copier des titres abrégés, en passant sous silence des traités ou des morceaux d'une importance capitale. — On a parfois reproduit les premiers et les derniers mots d'ouvrages dont l'identité est suffisamment établie par le titre; mais on a souvent négligé cette précaution, même quand elle était indispensable pour bien déterminer les traités contenus dans les volumes. — Ici, des manuscrits d'une grande valeur ont été l'objet de très-courtes notices, qui permettent à peine d'en soupçonner la nature et l'intérêt; là, les plus insignifiants volumes sont décrits avec excès de détails. — Dans certains cas, on a prodigué les indications bibliographiques; dans d'autres, on les a complétement omises. — Plus du tiers du premier volume est occupé par des extraits de plusieurs manuscrits de Laon et de Montpellier; aucun appendice de ce genre n'a été admis dans les volumes suivants.

A proprement parler, il n'y a donc pas unité de plan dans les catalogues précédemment publiés. Un artifice typographique leur a seulement donné une apparence d'uniformité : il consiste à mettre en tête de chaque notice le format du manuscrit, à imprimer en caractères fort gros la partie principale de la description, et en petits caractères les détails complémentaires. Encore, les rédacteurs ne se sont-ils pas entendus pour l'application de cette règle : les uns ont fait entrer dans la partie principale de la notice certains détails que les autres ont rejetés dans la partie accessoire. Dans tous les cas, cette disposition, qui a pour résultat immédiat de dépenser inutilement beaucoup de papier, rend plus longues et plus pénibles les recherches des personnes qui consultent nos catalogues. En effet, après avoir trouvé dans la partie de la notice imprimée en gros caractères le renseignement qui les intéresse, elles ont à vérifier si ce renseignement n'est pas expliqué et complété dans l'autre partie, où les recherches sont très-difficiles, parce que les alinéas y sont d'une longueur démesurée. Or les portions de notice en petit texte occupent parfois plusieurs pages, et le rapport entre les différents membres des deux parties de la notice n'est établi que par des numéros d'ordre, entre lesquels il est aisé de s'égarer, si on n'apporte pas à ces vérifications l'attention la plus soutenue.

La disposition matérielle adoptée jusqu'à ce jour est donc

malheureuse, et n'a donné à nos catalogues qu'un semblant d'uniformité. La Commission doit examiner s'il ne serait pas opportun d'y renoncer pour les catalogues dont l'impression ou la rédaction n'est point commencée. En adoptant une autre justification, n'arriverait-elle pas à publier à moindres frais des notices de manuscrits plus complètes et plus faciles à consulter que les notices imprimées jusqu'à ce jour? L'examen de cette question est maintenant d'autant plus nécessaire que les volumes V et VI, actuellement sous presse, absorberont tous les travaux antérieurement préparés, et que des instructions nous sont demandées par les savants qui vont préparer les catalogues destinés aux volumes VII et suivants.

A la suite de cette note, et comme pour servir de conclusion, j'ai fait imprimer la notice d'une cinquantaine de manuscrits pris un peu au hasard dans les collections de la Bibliothèque nationale. J'ai l'honneur de prier les membres de la Commission de rechercher dans quelle mesure ils pourraient les proposer à nos collaborateurs comme exemples du plan à suivre. Voici, en résumé, les principes d'après lesquels ont été rédigées les notices que je soumets au jugement de mes collègues.

Une notice de manuscrit doit mentionner tous les ouvrages, morceaux ou fragments contenus dans le volume, avec les rubriques initiales et finales, et avec les premiers et les derniers mots, mais seulement quand les manuscrits ont quelque importance et que ces indications sont nécessaires pour donner une idée nette de la pièce en question. Les noms des auteurs sont à relever, tels que les fournissent les manuscrits. Quand les noms des auteurs ne sont pas marqués dans les manuscrits, il est bon de recourir aux recueils bibliographiques pour combler cette lacune. Parfois le meilleur et le plus court moyen de déterminer l'identité d'un traité ou d'une pièce, consiste à renvoyer à une édition bien connue ou à un de ces répertoires diplomatiques qui sont dans toutes les bibliothèques.

Il est indispensable d'indiquer à quel feuillet ou à quelle page commence chacun des morceaux renfermés dans un volume. Par là on abrège singulièrement les recherches, surtout quand il s'agit de gros manuscrits, dans lesquels sont réunies beaucoup de pièces différentes.

Le nombre exact des pages ou des feuillets d'un volume doit être énoncé, pour en faire connaître approximativement l'étendue, et pour mettre à même de constater les mutilations qui pourraient être commises après la rédaction du catalogue.

Les termes *in-folio, in-quarto* et *in-octavo* n'ayant rien d'absolu quand on les applique à des manuscrits, il y a tout avantage à mesurer en millimètres la hauteur et la largeur des volumes, en tenant compte du corps même du manuscrit, et non pas des plats de bois ou de carton, dont les dimensions peuvent être modifiées par un changement de reliure.

Le caractère de l'écriture et l'âge de la transcription ne sauraient être indiqués avec trop de précision. Aussi faut-il relever toutes les notes et toutes les particularités qui, en dehors des données paléographiques, peuvent jeter quelque lumière sur la date des manuscrits.

Les peintures et les ornements doivent être signalés, au moins d'une façon sommaire.

Le savant qui consulte un manuscrit a souvent grand intérêt à en connaître l'histoire : aussi le catalogue doit déterminer, autant que possible, l'origine de chaque volume, et nommer les personnages ou les établissements qui l'ont possédé au moyen-âge ou dans les temps modernes. On y doit consigner les cotes anciennes sous lesquelles les manuscrits ont pu être cités, et le genre de reliure dont ils sont revêtus.

Il est bon de renvoyer aux travaux particuliers dont certains manuscrits ont été l'objet.

CATALOGUE

DE CINQUANTE MANUSCRITS

DE LA

BIBLIOTHÈQUE NATIONALE.

LATIN 9380. — Bible de Théodulfe, évêque d'Orléans de 788 à 821.

Fol. 1 v°. Préface en vers, commençant par :

> Quicquid ab hebraeo stilus atticus atque latinus
> Sumpsit, in hoc totum codice, lector, habes.

et finissant par :

> Dumque opus id cernis, relegis dum carmina nostra,
> Theodulfi clemens sis memor, oro. Vale.

Fol. 3. Préface en prose, commençant par : « Vetus Testamentum ideo dicitur quia veniente novo cessavit... » Cette préface et la pièce de vers qui précède sont écrites en lettres d'or sur un fond pourpré. Elles ont été publiées, d'après ce manuscrit même, par le P. Sirmond (*Opera*, II, 1046 et 1051).

Fol. 4. « Genesis. » Ce livre, comme beaucoup d'autres, est précédé d'une préface de saint Jérôme et d'une table des chapitres. — Fol. 15 v°. « Liber Exodi. » — Fol. 24. « Liber Levitici. » — Fol. 30. « Liber Numeri. » — Fol. 38 v°. « Liber Deuteronomii. » — Fol. 46 v°. « Liber Josue. » — Fol. 52 v°. « Liber Judicum. » — Fol. 58. « Liber Ruth. » — Fol. 59. « Libri Samuhelis I et II » (fol. 67). — Fol. 73. « Libri Malachim I et II » (fol. 81). — Fol. 87 v°. « Liber Isaie. » — Fol. 98. « Liber Hieremiae. » — Fol. 114. « Liber Ezechielis. » — Fol. 126. « [Libri XII prophetarum.] » — Folio 136 v°. « Liber Job. »

Fol. 146. « Liber psalmorum. » Écrit en argent sur fond pourpré.

Fol. 170. « Liber Proverbiorum. » — Fol. 178. « Liber Ecclesiastes. » — Fol. 181. « Canticum canticorum. » — Fol. 182 v°. « Liber Danihelis. » — Fol 187. « Libri Paralypomenon I et II » (fol. 193 v°). — Fol. 204 v°. « Liber Ezdræ. » — Fol. 207. « Liber Hester. » — Fol. 210. « Liber Sapientiæ. » — Fol. 215 « Liber Ecclesiasticus Hiesu filii Sirach. » — Fol. 229. « Lib Tob... » — Fol. 231 v°. « Liber Judith. » — Fol. 234 v°. « Libri Machabæorum I et II » (fol. 242).

Fol. 247. Préface de saint Jérôme sur les Évangiles, etc. Écrit en lettres d'argent sur fond pourpré. — Fol 248 v°. « Canones quatuor evangeliorum. »

Fol. 254 v°. « Evangelia secundum Mattheum, secundum Marcum (fol. 263), secundum Lucan (*sic*) (fol. 269), secundum Johannem » (fol. 279). Les évangiles sont écrits en lettres d'argent sur fond pourpré.

Fol. 287. « Epistolæ beati Pauli apostoli. » — En tête, on a copié : « Versus papæ Damasi in laudem Pauli apostoli. »

Jam dudum Saulus procerum præcepta sequutus.

Puis : « Prologum (*sic*) subter adjectum sive canones quæ sequuntur. Nemo putet ab Hieronimo ordinatos sed potius a Priscilliano sciat esse compositos...» Dans la marge, en regard de cette pièce, le scribe a mis ces mots : « Incipit proemium sancti Peregrini episcopi. »

Fol. 305. « Epistolæ canonicæ. » — Fol. 308 v°. « Actus apostolorum. » — Fol. 316. « Apocalypsis. »

Fol. 319 v°. « Breves temporum per generationes et regna. Primus ex nostris Julianus Africanus.....» Cet opuscule d'Isidore, qui descend jusqu'à l'empereur Héraclius, se termine par les mots : « memorare novissima tua et non peccabis, quando enim de sæculo migrat, tunc illi consummatio sæculi est. »

Fol. 321 v°. Traité de saint Eucher sur les noms hébraïques, sans titre, commençant par ces mots : « Quoniam, filli carissime, superiore libro propositionibus tuis...»

Fol. 325 v°. Ouvrage sans titre et connu sous le nom de Clef de Méliton ; il commence par ces mots : « Caput Domini : ipsa divinitas, eo quod principium et creator sit omnium rerum, in Danihelo (*sic*). »

Fol. 338. « Incipiunt capitula in Speculum domni Augustini. » A la suite de cette table, qui comprend 144 chapitres, vient le texte du traité : « I. De uno Deo. In Deuter. cap. V. Audi, Israhel, Dominus...» Le traité se termine au fol. 346 par le chapitre : « Quod Dominus fons vitæ nuncupetur, » lequel est coté CXXXVIII, quoiqu'il réponde bien au chapitre 144 de la table préliminaire. C'est d'après cette copie que Jérôme Vignier a donné, en 1614, la première édition du Miroir de saint Augustin, dans *Sancti Aurelii Augustini operum omnium ante annum 1614 editorum supplementum.*

Fol 346 v°. Charte de l'évêque d'Orléans Odolricus (vers 1025), relative à l'église de « Sancta Maria Hospitalis, » que le chanoine « Azinerius » avait rendue à la cathédrale d'Orléans. Pièce ajoutée au xie siècle et dans laquelle on a gratté les mots qui pouvaient montrer que le volume avait appartenu à l'église d'Orléans.

Fol. 347. Titre final écrit en lettres d'or sur fond pourpré, consistant dans les mots : « Explicit liber, » et dans les deux distiques : « Vive Deo — Finis adest, » que le P. Sirmond a publiés (*Opera*, II, 1053 et 1054).

Fol. 348 v°. Epilogue en vers, intitulé : « Theodulfi versus, » et commençant ainsi :

Codicis hujus opus struxit Theodulfus amore
Illius, hic cujus lex benedicta tonat.

Cet épilogue, écrit en onciales d'or sur fond pourpré, a été publié par Sirmond (*Opera*, II, 1052).

Parchemin. 349 feuillets, en comptant le fol. 349 qui est teinté en pourpre et qui n'a point reçu d'écriture. 320 millimètres sur 220. Écriture sur deux colonnes, de la fin du viiie siècle ou du commencement du ixe.

Ce volume a été plusieurs fois cité au xviie siècle comme faisant alors partie de la bibliothèque des de Mesmes. Il ne paraît pas être entré à la Bibliothèque avant la révolution de 1789.

— N° 687 du Supplément latin.

Reliure en velours très-usé.

Latin 56. — Bible, suivie (fol. 330) de l'explication des noms hébraïques : « Incipiunt interpretationes : Aaz, apprehendens vel apprehensio. »

Fol. 355. « Prologus super interpretationibus. Miserante Domino hebraice litterature aliquantam adepti noticiam... » Ce prologue a été composé en 1234 par un savant français qui savait l'hébreu.

Fol. 357. Missel abrégé, à l'usage de l'ordre de Citeaux, comme le prouve la rubrique : « Ordo epistolarum et evangeliorum tocius anni secundum ordinem Cisterciensem » (fol. 370 v°).

Parchemin. 372 feuillets. 318 millimètres sur 210. Écriture sur deux colonnes, du XIIIe siècle. L'explication des noms hébraïques est sur quatre colonnes. Petites miniatures dans quelques initiales.

Note du XVe siècle, au bas du fol. 365 v° : « Liber iste pertinet monasterio de Frigido Monte. » — Au haut du fol. 1, note de la main de Nicolas Le Fèvre : « Acheptée 64 s. en aoust 1608. » — Signature de J. A. de Thou effacée sur le fol. 1. — N° 933 de Colbert. — N° 3703.6 de l'inventaire de 1682.

Reliure en veau, au chiffre de Louis XVIII.

LATIN 22. — Bible, se terminant au fol. 432 v° par cette souscription des copistes : « Nos Cardinalis et Rugerinus fratres, de Forlivio, et nunc Bononie moramur, presentem bibliam scripsimus de invicem domino Fredolo de Sancto Bonetto, canonico Magalonensi, in civitate Bononie. » Ce Frédol de Saint-Bonnet, chanoine de Maguelone, devint évêque du Puy en 1284 (*Gallia christiana*, II, 719), d'où il faut conclure que cette bible a été écrite un peu avant 1284.

Fol. 434. « Hic sunt interpretationes hebraicorum nominum incipiencium per A litteram : Aaz, apprehendens vel apprehensio. »

Parchemin. 455 feuillets. 438 millimètres sur 280. Écriture italienne de la seconde moitié du XIIIe siècle, sur deux colonnes. L'explication des noms hébreux est sur trois colonnes. Petites peintures dans différentes initiales. Entre les feuillets actuellement cotés 2 et 3, on a arraché le feuillet qui contenait le commencement de la Genese. Au bas du fol 1, lacération qui semble avoir eu pour objet l'enlèvement des armes d'un ancien possesseur.

Sur le fol. 454, est copiée cette petite pièce, qui peut faire supposer qu'au XVIe siècle le volume appartenait à l'abbaye d'Eaunes, diocèse de Toulouse :

Ad monasterium Eunarum Caumellus.
Eunarum cunctis ecclesia dicitur sancta ;
  Vita celebs monachis pura fuitque manus.
Divitias querunt monachi, nunc omnibus instant.
  Et omnes linquunt vota precesque pias.
Eunis, tertio nonas Augusti, anno 1558.

Sur un feuillet de garde, au commencement : « Qui me inveniet, ad dominum Mathurinum de Sabvonieres oportet me revertere. » Mathurin de Sabonière fut abbé d'Eaunes, de 1560 à 1569 (*Gallia christiana*, XIII, 126).

N° 1 de Le Tellier, archevêque de Reims. — N° 8607 de l'inventaire de 1682.

Reliure en maroquin rouge, au chiffre de Louis XV.

FRANÇAIS 5707. — Seconde partie de la Bible traduite en français. Elle commence ainsi (fol. 2): « Ci commence les paraboles Salemon filz du roy David. I. Les paraboles Salemon filz David roys de Jherusalem, à savoir sapience et discipline à entendre parole de prudence...» Le Nouveau Testament commence au fol. 204 et finit au fol. 367 v° par ces mots : « Dist cils qui donne tesmoing de ces choses · Voirement je vieng tost. Amen. Vien sire Jhesu. La grace de Nostre Seigneur Jhesu Crist soit avec vous tous. Ci fine l'Apocalipse saint Jehan. »

Vient ensuite (fol. 368) une prière à la Vierge, en vers, qui a été publiée par M. Barbet de Jouy (*Notice des objets composant le Musée des Souverains*, p. 65), et qui se termine ainsi :

De tous ces vers entiniez
Par ordre les testes prenez,
Si vous sera moult bien descript
Pour qui cest livre fu escript,
Et fu parfait, que je ne mente,
L'an mil CCC trois et LX.

Les initiales des 63 vers, dont se compose la prière, donnent ces mots : CHARLES AINSNÉ FILS DU ROY DE FRANCE DUC DE NORMANDIE ET DALPHIN DE VIENNOYS.

Cette bible fut donc faite en 1363 pour le dauphin Charles, fils du roi Jean, qui, après son avènement au trône, y a consigné la note suivante (fol. 367 v°): « Ceste bible est à nous Charles le V° de notre non, roy de France, et est en II volumez, et la fimez faire et parfere : CHARLES. » Elle ne paraît pas figurer sur les inventaires de la librairie du Louvre, et c'est sans fondement qu'on l'a identifiée avec une bible en deux volumes qui sortit du Louvre pour passer entre les mains de Louis, duc de Bourbonnais. — Au commencement du XV° siècle, les deux volumes de la bible de 1363 étaient possédés par Jean de Montaigu, vidame de Laonnois et grand maître de l'hôtel du roi, qui les offrit, en août 1407, à Jean, duc de Berry ; ils furent remis, le 1er juin

1416, à sa fille, la duchesse de Bourbonnais. C'est ce que nous apprennent les inventaires de la librairie du duc de Berry, une inscription de Jean Flamel (fol. 1) et deux notes signées par le duc Jean lui-même (fol. 367 v° et 368 v°).

Le second volume de la bible de 1363 fut possédé par le roi Henri III, qui a mis son nom à la fin (fol. 367 v°), puis par le cardinal Charles de Bourbon, qui le fit relier et placer dans sa bibliothèque de Gaillon. Il appartint ensuite à Henri IV, dont les armes ont été dorées sur la couverture, avec l'inscription: H. IIII PATRIS PATRIÆ. VIRTUTUM RESTITUTORIS. Louis XIII et Louis XIV ont tracé deux notes sur le fol. 367 v°. Au commencement du règne de Louis XV, ce manuscrit passa du cabinet du Louvre à la bibliothèque du roi.

Parchemin très-fin. 369 feuillets, plus 3 feuillets préliminaires cotés A-C. 214 millimètres sur 145. Écrit sur deux colonnes, en 1363. Peintures décrites dans la *Notice* de M. Barbet de Jouy, p. 62-65.

N° 2209. 4 du Supplément français. — Déposé au Musée des Souverains, sous le n° 40, depuis 1852 jusqu'en 1870.

Reliure en basane olive, aux armes et à la devise du cardinal de Bourbon. Armes et nom de Henri IV ajoutés sur les plats, comme il a été dit plus haut.

Latin 17959. — Volume composé de deux manuscrits tout à fait distincts.

I (fol. 1-33).

Le livre de Job, avec un commentaire écrit dans les marges, dont voici les premiers mots : « Vir erat in terra Hus nomine Job. Christus qui dolores nostros portavit terram Hus inhabitavit.... »

Parchemin. 33 feuillets. 262 millimètres sur 160. Écriture du XII° siècle. Dans l'initiale du folio 3 v°, image de Job.

II (fol. 34-86).

Traités de grammaire, précédés d'une épitre dont voici les premiers mots (fol. 34): « Dilectissimo fratri et ingeniosæ radio litteraturæ fulgenti haut secus quam ut murenulis obrizi obrimate et omnimodorum generum varietate vermiculatis perspicue micanti Sigeberhcto, spiritalis amicitiæ clienti, indignus universalis ecclesiæ matricularius, in Domino Jhesu defecate caritatis salutem. Non ignoro te, fili carissimi, non odiorum... » — Commencement d'un traité (fol. 36 v°): « Partes orationis primus Aristotilis duas fertur tradidisse, deinde Donatus VIII definiunt, sed omnes ad illa duo principalia revertuntur, id est nomen et verbum...» Ce traité ne paraît pas être celui auquel se rapporte la dédicace du fol. 34. — Commencement du traité de grammaire dédié à Sigebert (fol. 48): « Partes orationis secundum gramaticos sunt VII (*sic*), id est nomen, pronomem, verbum, adverbium, participium, conjunctio, præpositio, interjectio. Ex his due sunt principales...» En tête du fol. 48, une main du XIe siècle a tracé ce titre : « Tractatus in partibus orationis cujusdam. Item tractatus Alcuini vel Fridegisi ad Sigebertum de grammatica. » Dans le ms. 17959 le texte du traité dédié à Sigebert est incomplet et a subi des transpositions. Voy. Thurot, *Notices et extraits des manuscrits*, XXII, II, 7. Le texte complet se trouve dans le ms. 7560.

Parchemin. 53 feuillets, cotés 34-86. 260 millimètres sur 170. Écriture du IXe siècle, de plusieurs mains.

N° 37 du fonds de Notre-Dame, et plus anciennement B. 9.

Reliure en parchemin du XVIIe siècle.

LATIN 8878. — Commentaire sur l'Apocalypse, par Beatus, etc.

Fol. 1. Frontispice au milieu duquel le peintre a réservé une grande lozange pour y inscrire plusieurs fois et en sens différents la légende : GREGORIUS ABBA NOBILIS, d'où l'on peut conclure que le volume a été exécuté, vers le milieu du XIe siècle, par les soins de Grégoire, abbé de Saint-Sever en Gascogne depuis 1028 jusqu'en 1072 (*Gallia christ.* I, 1175).

Fol. 1 v° — 5. Images des évangélistes.

Fol. 5 v° — 12. Tableaux généalogiques offrant un résumé de l'histoire sainte, et intitulés : « In nomine sanctæ Trinitatis incipit genealogia ab Adam usque ad Christum per ordines linearum. »

Fol. 13. Image de l'aigle de saint Jean, brisant la tête d'un serpent.

Fol. 13 v°. Images de l'auteur et des commentateurs de l'Apocalypse : « Johannes. Iheronimus. Agustinus. Ambrosius. Fulgentius. Gregorius. Abringius. Hisidorus. »

Fol. 14. Grand A, occupant toute la page, flanqué dans sa partie supérieure d'un singe et d'un renard, dont les figures sont accompagnées des légendes : « Simius. Vulpis. »

Fol. 14 v°. Commentaire sur l'Apocalypse, qui, d'après les observations de M. d'Avezac, doit être attribué à Beatus, abbé du monastère de Valcavado, mort le 19 février 798. « In nomine Domini Jhesu Christi incipit liber revelationis Joannis Domini nostri Jhesu Christi. Amen. Quædam quæ diversis temporibus in veteris Testamenti... — Prologus in libro Apocalipsin Johannis apostoli et evangeliste : Johannes apostolus et evangelista filius Zebedei... — Incipit prologus totius libri : Johannes primus scribere septem jubetur ecclesiis... (fol. 15). — Incipiunt capitulationes interpretis, quæ facilius per duodecim capitula libro primo cognoscuntur esse distinctius. Incipit explanatio libri primi. Johannes quodam vaticinio.... (fol. 15 v°). — Incipit tractatus de Apocalipsi Johannis in explanatione sua a multis doctoribus et beatissimis viris inlustribus de diverso quidem stilo et non diversa fide interpretatus, ubi de Christo et ecclesia, de Antichristo et ejus signis plenissime cognoscas. Prefacio. Biformem divine... » (fol. 25 v°). — Parmi les nombreuses figures insérées dans ce traité, on remarque, au fol. 45 bis v° et au fol. 45 ter, une mappemonde, sur laquelle l'abbaye de Saint-Sever est marquée avec un soin particulier. — Le traité finit au fol. 246 v°, par les mots : « ... Ipsis enim Dominus dicit : Etiam venio cito, et illi dicunt : Veni Domine Jhesu Christe. Deo gratias. Gratia Domini Nostri Jhesu Christi cum omnes. Amen. Explicit codex Apocalipsis duodenariarum ecclesiarum numero, ita in duodenario ordine librorum hujus istoriæ distinctio. » — Suit une note sur la valeur des mots *codex*, *liber*, etc.

Fol. 142. Dans un endroit qui était resté en blanc, on a ajouté, au XIIe siècle, deux pièces de vers, l'une intitulée : « Versus de epiphania Domini, » et commençant ainsi :

Lux nova sublimis de celo fulget in imis.

L'autre est intitulée : « Versus de laud[ibus] virginitatis Mariæ, » et commence par ce vers :

Novimus esse viam, qua credimus esse Mariam.

Fol 248. « In nomine Domini Nostri Jhesu Christi. Explanatio Danihelis prophete ab auctore beati Jeronimi. Incipit prologus in libro Danihelis. Contra prophetam Danielem decimum librum scripsit Porfirius... »

Fol. 262. « Incipit liber de virginitate sanctæ Mariæ, ante triapistos, id est contra tres infideles, more sinonimarum conscriptus. Emanuel nobiscum Deus. Domina mea, dominatrix mea, dominans michi... »

Fol. 284. Charte de « Arnaldus primus filius Lobmanz de Sancta Eulalia, » pour l'abbaye de Saint-Sever en Gascogne. Cette charte et la plupart des pièces suivantes ont été ajoutées dans le ms. par différentes mains vers la fin du xie siècle.

Fol 285 v°. Prologue d'un ouvrage relatif, selon toute apparence, aux mérites des saints : « Omnia quæ a sanctis gesta sunt vel geruntur... — Da mentem studiis ut hostis incipiat te timere. Explicit prologus. »

Fol. 286. Charte du comte Guillaume Sanche, publiée dans *Gallia christiana*, I, instr. 181.

Fol. 287. Charte de « Eustorgia, » datée de l'année 1030 (date fausse).

Fol. 287 v°. Charte de « Bernardus Guillelmus. » — Charte de « Bernardus de Goldossa. »

Fol. 288. Charte de « Gauzfredus, comes Pictavensium, Burdegalensium atque Wasconum. » — Charte du comte Guillaume et de sa femme Urraque, datée de 1017.

Fol. 289. Notice relative à un différend qui s'éleva entre les abbayes de Saint-Sever et de Sainte-Croix de Bordeaux au sujet de l'église de « Sancta Maria de Solaco. » La fin de cette notice n'a point été copiée dans le manuscrit.

Fol. 289 v°. Deux lettres, peut-être fausses, relatives à la même église, émanées l'une d'Alexandre II, l'autre de Grégoire VII.

Fol. 289 v°. Notice des donations faites à l'abbaye de Saint-Sever par « Assuius de Casteg Pugor, » en 1209. Copie du temps.

Fol. 290. Accord conclu en 1073 au sujet du château « de Mugrone. » Copie du xiiie siècle.

Parchemin. 292 feuillets, en comptant ceux qui sont cotés 45 bis et 45 ter, lesquels ont été acquis par la Bibliothèque en 1867. 370 millimètres sur 290. Écriture sur deux colonnes, du milieu du xie siècle. Nombreuses peintures, fort curieuses, dans l'une desquelles M. de Longpérier (*Revue archéologique*, 1re série, II, 698) a reconnu une imitation des caractères arabes employés en Espagne au xie siècle. Trois planches de l'ouvrage de M. de Bastard se rapportent à ce ms., qu'il indique sous le titre de Apocalypse de Saint-Sever. — Mutilations aux fol. 167, 171, 186, 187, 188, 200, 218, 220 et 262. Lacunes après les fol. 84, 87, 90 et 143.

Ce volume fut donné par Guillaume Guerry, de Tiffauges, au cardinal d'Escoubleau de Sourdis (1598-1628). Témoin cette note du fol. 200 v° : « Hunc librum dignatus est accipere illustrissimus et reverendissimus cardinalis des Sourdis a Guillelmo Guerry, dum Thiffaugianos inviseret in episcopatu Malleacensi. » — N° 93 du Catalogue des livres de Gaignat, à la vente desquels il fut adjugé pour 45 livres. — N° 1076 du Supplément latin.

Reliure en veau, aux armes d'un membre de la famille d'Escoubleau de Sourdis, chevalier de l'ordre du Saint-Esprit.

Latin 446. — Ouvrages sur l'Écriture Sainte.

Fol. 1. Explications mystiques de divers passages de l'ancien et du nouveau Testament : « Trinomius est liber psalmorum secundum tres linguas, soliloquiorum latine... — ...et deambulatoria Ezechielis. Unde : Perambulabam in innocencia. » Les premières rubriques de ce recueil sont : « de nomine psalterii, de via, de lignis, de regibus, de persecutoribus, de dentibus...» On n'y trouve ni unité de composition (voyez les articles consacrés au mot *servus*, fol. 5 et fol. 21), ni uniformité de transcription (il y a changement d'écriture au fol. 21 et au fol. 34). Cette compilation a sans doute une origine parisienne ; l'auteur allègue, au fol. 3, un usage de l'église de Paris : « Ad cujus rei significationem, Parisiensis ecclesia in Natali Domini ornatur tapetis, que sunt aspera tanquam sacci, quia tunc indutus est Dominus asperitatem mortalitatis nostre, et postea in resurrectione ornatur sericis pannis, et pulchre per pannum sericum designatur gaudium resurrectionis...»

Fol. 35. « Incipiunt magistralia quedam super quatuor euvangelistas. In principio tricesimi anni in die Epiphanie... — ... et transit ad perfectionem eorum ad gentes. Explicit super Marcum. Expliciunt magistralia super quatuor euvangelistas, que ab Oyno, subpriore Beate Marie de Valle, excepta sunt, secundum lecturam magistri Petri Trecassini et Helduini et Herberti. »

Fol. 80 v°. Vers sur quelques règles de comput. « Per clavis numerum... » Ces vers sont une intercalation du xve siècle.

Fol. 81. Distinctions sur le psautier. « Quisquis ad divine pagine lectionem erudiendus accedit... — ... Sola enim perseverancia accipit bravium. Finis distinctionum post Meldensem collectarum. » L'auteur ainsi désigné par le mot *Meldensis* est Michel de Corbeil, qui fut doyen de Meaux avant d'être archevêque de Sens. Cet ouvrage sur le psautier a été indûment attribué à saint

Bonaventure, et compris dans le recueil des œuvres de ce théologien (éd. de Lyon, 1668, in-folio, I, 83-293).

Fol. 132 v°. Explications mystiques, analogues à celles qui sont au commencement du ms. « Aliud est sacrificium, aliud holocaustum, aliud oblatio..... — ... qui viderit, inquit, mulierem, etc. »

Fol. 135. Explication des noms hébraïques de la bible. « Premonitio non inutilis et brevis prenotatio de sequentibus interpretationibus. Sanctus Ieronimus in proemio de interpretationibus hebraicorum nominum... — Incipiunt interpretationes hebraicorum nominum, secundum quod in bybliotheca scripta sunt et a beato Ieronimo translata de hebraica veritate in latinum. De Genesi et aliis libris Veteris Testamenti. Adam interpretatur homo, vel terrenus, vel indigena, vel terra rubra, alias ruffa. Abel, secundus filius Adam, luctus, vel per *he* vanitas, vel vapor, vel per *hez* dolor, vel pavor, vel miserabilis, vel committens, vel justus, vel per *aleph* lamentum... » — Ce glossaire est suivi d'un alphabet hébraïque et d'un alphabet grec (fol. 164 v°), puis d'un commencement de supplément (fol. 165).

Fol. 166. Tableau des rapports entre les sept âges du monde et l'année liturgique. « Linee iste quatuor exteriores que faciunt quadratum... »

Fol. 166 v°. Petit traité sur les sept vices capitaux, sur les sept demandes de l'oraison dominicale et sur les sept dons du saint Esprit. « Incipit elucidatio perutilis quorumdam vitiorum atque virtutum. Sciendum est septem esse vitia capitalia seu principalia, que ex superbia oriuntur, cujus, ut ait beatus Gregorius, sunt quatuor species... »

Fol. 174. Distinctions sur le psautier. « Et in chathedra pestilencie non sedit. Cathedra judicis esse vel presidentis solet... — ... et ea que de secretis celestibus loquitur que angelis quidem manifesta. » La suite manque.

Fol. 198. « Incipit Beda de quadrifario opere Dei. Operatio divina que secula creavit et gubernat quadriformi ratione distinguitur... — ... eo videlicet spiritu fusi vel residentis sinu recepti. »

Fol. 203. Homélie sur la célébration de la fête de Noël. « Cur nativitas Domini dicatur vel celebretur. Sacratissima hujus diei nativitas.. — ... mox canunt Romani secundam ad Sanctam Anastasiam de nocte, dein matutinas. »

Fol. 204. « Exceptiones canonum Arnulfi. Symon Petrus in ipsis diebus quibus vite finem sibi imminere presensit, apprehensa manu mea... — ... Et si talem ad quam debeat ire pro interventu ipse pergat. »

Fol 206. « De destructione Templi. Sciendum est Petrum, iminente tempore passionis sue, Clementem sibi substituisse... — ... Titus itaque cum tali triumpho Judeorum Italiam copiose ditavit. »

Fol. 210. Explications mystiques, analogues à celles qui sont au commencement du volume. « Ante Luciferum genui te, id est ante omnes stellas, id est ante mundi constitutionem. Nota quod dies... — ... Similiter per passionem se eviscreraverunt Judei. »

Fol. 214. Tableau mystique, au milieu duquel est cette légende tracée entre deux circonférences concentriques : « Rex Babilonis sedens in bivio, querens divinationes et miscens sagittas. »

Parchemin. 214 feuillets. 250 millimètres sur 180. Écrit par différentes mains, tantôt à pleines lignes, vers la fin du XIIe siècle ou le commencement du XIIIe.

N° 5216 de Colbert. — N° 3949. 6 de l'inventaire de 1682.

Demi-reliure en maroquin rouge, au chiffre de Louis-Philippe.

Latin 1052. — Bréviaire à l'usage de Paris, intitulé (fol. 7) : « Ci commence le breviaire selonc l'usage de Paris. » Il comprend un calendrier (fol. 1), le propre du temps (fol. 7), le psautier (fol. 207), le propre des saints (fol. 285), le commun (fol. 585) et le bref (fol. 606). Les rubriques sont en français.

Ce bréviaire a appartenu au roi Charles V, et c'est à lui que s'applique l'article suivant de l'inventaire du mobilier du roi en 1380 : « Item ung autre grant breviaire entier, très noblement escript et très noblement enlumyné et ystorié, et est le psaultier ou mylieu du breviaire. Et se commance la seconde page *cognovit bos*. Et sont les fermouers d'or, et est en l'un ung roi, et en l'autre ung ymage à genoulx. Et est la pipe ouvrée a une orbe voye. Et en est le brief en françoys. » (Ms. français 2705, fol. 279 v°, art. 3281.)

Parchemin. 647 feuillets. 235 millimètres sur 173. Écriture du milieu du XIVe siècle, sur deux colonnes. Miniatures.

N° 4125 de Colbert. — N° 4448. 5.5 de l'inventaire de 1682.

Reliure en maroquin rouge, au chiffre de Louis-Philippe.

Latin 13246. — Sacramentaire que Mabillon a intitulé « Sacramentarium gallicanum, » et qu'il a publié dans le *Museum italicum* (édit. de 1724, I, II, 278-397). Outre les parties de la messe proprement dite (fol. 9-272 v°; dans l'édition, p. 278-386), il renferme différentes bénédictions et oraisons (fol. 273; éd. p. 386), un pénitentiel (fol. 286 v°; éd. p. 392), une explication de l'institution des heures ecclésiastiques (fol. 296; éd. p. 395), le symbole des apôtres (fol. 298; éd. p. 396), et un catalogue des livres sacrés (fol. 299; éd. p. 396).

Tous ces morceaux, que Mabillon a reproduits, en en modifiant toutefois l'orthographe, paraissent avoir été transcrits par une même main, à l'exception de la Messe pour le prince (édit. p. 378 et 379), qui se trouve sur un cahier supplémentaire, maladroitement intercalé entre les feuillets 250 et 255 du manuscrit.

Ont été ajoutés après coup dans le ms. et laissés de côté par Mabillon les morceaux suivants :

Fol. 4. Explication de textes sacrés et de préceptes de morale chrétienne, commençant par : « Capitulum. Nixiad senestera tua quid faciad dixtera tua, ut set elemosina tua in abscundeto. »

Fol. 7. Dialogue sur l'histoire sainte, analogue à ceux qui ont été publiés en 1872 dans le Bulletin de l'Académie de Berlin (p. 409), d'après deux mss. de Schlestadt : « Quis primus ex Deo praeceset? Verbum. » — Imprimé par P. Meyer, dans *Romania*, I, 485.

Fol. 253 v°. Formule de prière ou de conjuration, commençant par : « Domine Deus meus, ficisti illio carne et anima; dedisti ipsios spirito sancto; tu ipsio, Domine, plasmasti; tu ipsu, Domine, custodi ipso... » Dans cette prière sont invoqués : « sanctus Arideos, sanctus Donatos, sanctus Severus. »

Fol 286. Bénédiction de l'huile : « Domine, sancte pater, omnipotens eterni Deus, asendat oracio nostra ad sedem magestatos tuae... »

Fol. 291 v°. Formule de bénédiction : « Benedic, Domine Deus, ello et domom suum et omnes qui habitant in eom, quia benedixit patriarcas... »

Fol. 292 v°. Instruction sur l'heure à laquelle doit se célébrer la messe. « Incepit inquisitio de le[ge] (?) ad mesam celebrare. Si necesitas fuerit, ad galurum cantu lecet sacerdotes tradere et consacrare sacrificium, et de ora nonam usque ad vesperum, septena et octava ora nun es justum consacrare sacrificium. »

Fol. 293. Explication des circonstances dans lesquelles Jésus-Christ entra, par figure, dans chacun des ordres de l'Église : « Quando vel comodo inplebet Dominus septem gradebus in eclesiam.

Primus gradus, letur fuit quando aperuit lebrum Isaye provete et dexit... »

Fol. 293 v°. Remarques sur les causes de la perte et du salut des hommes : « Tria sunt que docun homenem ad profundo infernum, idim cogetaciones malas... »

Fol. 294. Notes sur les dates de la vie de Jésus-Christ : « Incepet de tempore nativitatis Christi. Undecemo diæ ante kalendas Abrilis dixindit Verbum Domini in sancta Maria adnunciantem Gabriel arcangelum... »

Fol. 294 v°. Prière : « Deus, justurum gloriam, misericordia peccaturum, da huic famulum tuum illum plena indulgenciam... »

Fol. 295. Autre prière : « Deus, quia mortem non vis peccaturum nec delectares... »

Fol. 295 v°. Prière, qui est presque entièrement effacée.

Le corps du volume est en onciale tirant quelquefois sur la minuscule. Un fac-simile très-imparfait de cinq lignes du fol. 60 v° a été donné dans le *Musæum italicum* (éd. de 1724, I, II, 276), et reproduit dans *De re diplomatica* (éd. de 1709, p. 637) et dans le *Nouveau traité de diplomatique* (III, 211, pl. 46). A la fin du XVIIe siècle, Mabillon estimait que le ms. avait plus de mille ans d'antiquité : il semble en effet qu'on doive le faire remonter au VIIe siècle.

Les parties ajoutées ne paraissent guère moins anciennes; elles sont les unes en onciale, les autres en minuscule ou en cursive.

Les fol. 296-300 sont palimpsestes. L'ouvrage effacé roulait sur des matières théologiques; l'écriture était une belle minuscule, non penchée, tirant sur la cursive.

Sur les marges ont été tracés, en caractères du VIIe ou du VIIIe siècle, les noms suivants : « Bertulfus (fol. 197 v°), Elderatus (fol. 208 v°), Manubertus (fol. 213 v°), Dacolena (fol. 268 v°), Bonolo » (fol. 271 v°). Mabillon (*Musæum ital.* I, II, 276) et Ruinart (*De re diplom.* 636) ont supposé que le premier de ces noms se rapporte à Bertulfe, abbé de Bobbio vers le milieu du VIIe siècle.

Parchemin. 301 feuillets, y compris celui qui est coté 206 bis. 180 millimètres sur 92.

Le volume, que Mabillon découvrit à Bobbio en 1686, et que Muratori (*Liturgia Romana vetus*, II, 765) dit avoir vu dans ce monastère, fut d'abord prêté puis cédé par les religieux de cette maison à l'abbaye de Saint-Germain-des-Prés. — N° 1488 du fonds latin de Saint-Germain.

Reliure en parchemin du XVIIe siècle.

LATIN **11590**. — Missel de l'abbaye de Saint-Maur-des-Fossés. Le propre des saints commence au fol. 155, et le commun au fol. 213. L'attribution de ce missel à Saint-Maur-des-Fossés se déduit des particularités suivantes. Dans les litanies des saints (fol. 96 v°) sont invoqués : « Sancte Dyonisi cum sotiis suis, sancte Maure, sancte Martine, sancte Benedicte... » — Dans le propre des saints, il y a des messes pour la veille de saint Maur (fol. 158 v°), et pour la fête de saint Babolein le 7 décembre (fol. 210). — La dédicace de l'église est fixée au 13 novembre : « In anniversario dedicationis istius basilice, que est idus Novembris » (fol. 211).

Parchemin. 232 feuillets. 330 millimètres sur 242. Écriture du XIe s. Quelques passages notés en neumes.

N° 31 des mss. de Saint-Maur. — Ajouté sous le n° 1053 à l'ancien catalogue des mss. de S. Germain. — N° 169 du fonds latin de S. Germain.

Demi-reliure en veau du XVIIIe siècle.

LATIN **904**. — Graduel noté, à l'usage de l'église de Rouen. On y remarque le mystère des bergers (fol. 11 v°), celui des rois mages (fol. 28 v°), les cérémonies des processions des rogations (fol. 135 v°), et les cérémonies de la procession de la fierte de saint Romain (fol. 147).

Parchemin. 268 feuillets, moins le fol. 1 qui a été enlevé. 318 millimètres sur 230. Quelques feuillets ont été mutilés. Écriture du XIIIe siècle, quelquefois à deux colonnes. Les fol. 264-268, qui renferment le chant des Kyrie, etc., ont été ajoutés après coup, au XIVe ou au XVe siècle.

N° 28 de Bigot. — N° 4218. 4 de l'inventaire de 1682.

Reliure en maroquin rouge, aux armes de France.

LATIN **5719**. — Proses et chants divers, avec la notation musicale; plusieurs sont à deux parties. Beaucoup sont en l'honneur de la sainte Vierge, et l'abbé Lebeuf, dans une note placée en tête du volume, les a ainsi caractérisés : « Quidam omnino ridiculi et festo fatuorum digni. » Ces proses et ces chants remplissent les feuillets 15-91.

Fol. 26. « Prosula de sancto Benigno Engolismensi, martire, in fine R. boni. Virginis filium quem predicaverat... »

Fol. 83, 84 v° et 88 v°. Kyrie, Agnus et autres morceaux d'office farcis.

Fol. 93-107. Office noté de la sainte Vierge. « In veneratione beate Marie. Ave Maria, gratia plena... »

Au milieu des chants sacrés se trouvent des pièces plus ou moins profanes, par exemple, au fol. 40 v°, celle qui commence ainsi :

Amor, amoris lancea
Me vulneravit aurea ;
Mallem ego quod plumbea,
Nam sic in illam ardeo,
Non est catena ferrea
Que me teneret laqueo.

Ont été ajoutés après coup dans le manuscrit les morceaux suivants :

Fol. A v°. Liste de quelques noms : « S. la Serra, Helias, W. la Valada... »

Fol. 1-4. Sentences morales et religieuses, principalement sur les vices de la langue, en prose et en vers. « Si quis in verbo non offendit, hic perfectus est vir. Mors et vita in manibus lingue... » — Au fol. 2 v°, préceptes d'Archytas : « Accipite, optimi adolescentes, veterem orationem Archite Tarentini, magni inprimis et preclari viri... »

Fol. 4 v°. Éléments de philosophie, attribués par M. Duplès-Agier à Bernard Itier, et publiés par lui dans *Chroniques de S. Martial*, p. 226.

Fol. 6 v°. Notes théologiques et scientifiques, dont quelques-unes ont été comprises dans les *Chroniques de S. Martial*, p. 230 et 234.

Fol. 10. Instruction sur le baptême et la confirmation, incomplète au commencement : « ...gelio, videns Jhesus fidem illorum, dixit paralitico : Confide fili... » Ce morceau paraît être un débris d'un manuscrit plus ancien.

Fol. 12 v°. Vers destinés à fixer la valeur de certains mots :

Collige, sustenta, stimula, vagua, morbida, lenta.

Fol. 91 v°. Vers sur les moyens d'avoir la voix claire : « Si claram vocem... »

Fol. 91 v°. Vers sur le jeu d'échecs : « Hic fit formosa... »

Fol. 92. Vers sur le chant des hymnes : « Somno cantatur... »

Fol. 92. Vers sur le bris d'un vase précieux : « Porticus est Rome... » Pièce attribuée à Marbode dans un ms. de Saint-Gatien de Tours, d'après lequel l'abbé Bourassé l'a publiée dans la Patrologie, vol. 171, col. 1085.

Fol. 92 v°. Vers sur les désordres d'un évêque : « Abatissarum comitissarumque... »

Fol. 92 v°. Vers sur la déclinaison des noms de lieu : « Rome Rotomagi Verone... »

Fol. 92 v°. Vers sur les plaies d'Égypte : « Prima rubens unda... » Pièce publiée dans les Œuvres de Hildebert par Beaugendre, col. 1360.

Fol. 92 v°. Vers sur le mélange de l'eau et du vin : « In cratere meo Tetis... » Plusieurs de ces vers sont attribués à Primat dans différents manuscrits.

Fol. 108-115. Sentences, notes et fragments divers de philosophie, d'histoire et de théologie, parmi lesquels :

Fol. 108. Remarques sur les facultés de l'âme, publiées dans *Chroniques de S. Martial*, p. 231.

Fol. 109 v°. Note de comput écrite un peu avant l'année 1204.

Fol. 109 v°. Extraits de Jean Belet, de Pierre le Mangeur et de maître Francon sur l'arbre de la croix.

Fol. 110. Note sur la substitution des chanoines aux moines dans l'église de Saint-Martin de Tours.

Fol. 110. Note sur l'éducation des enfants de Charlemagne.

Fol. 110 v°. Liste des rois mérovingiens.

Fol. 111. Vision d'Adémar, moine de Saint-Cybar et de Saint-Martial.

Fol. 111. Remarques sur l'inconstance de la fortune.

Fol. 111 v°. Vers inscrits sur un rouleau mortuaire. Publiés dans *Chroniques de Saint-Martial*, p. 217.

Fol. 111 v°. Vers sur le nombre sept, sur le rôle qu'il joue dans l'histoire sainte, la cosmographie, etc.

Fol. 113 v°. Sentences tirées de Platon, d'Aristote, de saint Augustin, de Secundus, de l'Elucidaire. Voyez *Chroniques de S. Martial*, p. 233.

Fol. 113 v°. Neuf vers plaisants, dont le dernier est :

Qui legit hos versus videatur in equore mersus.

Fol. 114. Légende de l'enseigne de Notre-Dame de Roc-Amadour : « Sigillum beate Marie de Rochamador. »

Fol. 115 v°. Vers et prières en l'honneur de la sainte face : « O facies sancta... »

Fol. 115 v°. Note des indulgences accordées aux pèlerins de Rome.

Fol. 115 v°. Note sur une messe célébrée en 1207 par l'évêque de Sora à Limoges.

La partie principale de ce ms. date du XIIe siècle. L'office de la sainte Vierge (fol. 93-107) est du commencement du XIIIe. La plupart des autres additions sont de la fin du XIIe ou du commencement du XIIIe siècle; beaucoup sont de la main de Bernard Itier, qui a mis son nom au bas du fol. 110 : « B. Iterii armarius scripsit hec omnia, » et la date 1210 au bas du fol. 115 v° : « Hoc scripsi anno M°CC°X° ab incarnatione Domini, in festo Stephani pape. »

Parchemin. 115 feuillets, plus un feuillet préliminaire coté A. 158 millimètres sur 100. Écritures du XIIe et du XIIIe siècle, comme il a été dit plus haut.

N° 88 de Saint-Martial de Limoges. — N° 4614. 6 de l'inventaire de 1682.

Reliure en maroquin bleu, aux armes de France.

Latin 1315. — Psautier, précédé d'un calendrier, et suivi des cantiques, du symbole des apôtres et de l'oraison dominicale (fol. 123), des litanies des saints (fol. 124) et de quelques oraisons (fol. 126). Le texte latin du symbole et de l'oraison dominicale est accompagné d'une version française interlinéaire. Sur la dernière page est le commencement d'une exposition de l'oraison dominicale en français : « Puis que nostre sire Jesu Crist fud ned de la sainte virgine Marie, il eslist les duce apostres, e si lur aprist multes bones choses... » Le livre doit avoir une origine anglaise, puisqu'on trouve dans les litanies des saints : « Sancte Albane, sancte Oswalde, sancte Eadmunde, sancte Cuthberte, sancte Dunstane, sancte Swithune. »

Parchemin. 127 feuillets. 160 millimètres sur 110. Écriture de la première moitié du XIIIe siècle, sauf le calendrier et plusieurs feuillets du psautier, qui ont été récrits au XVe siècle.

N° 170 d'Antoine Faure. — N° 4625.1 de l'inventaire de 1682.

Demi-reliure en maroquin rouge, au chiffre de Louis-Philippe.

Latin 18014. — Petites heures de Jean de France, duc de Berry, composées de la manière suivante :

Fol. 1. Calendrier, en français, dont les peintures ont été reproduites par Humphreys, sous le titre de *The illuminated calendar for 1846*.

Fol. 8. « Ci après s'ensuit l'estimeur du monde, qui enseigne et entroduit tout homme à bien et honnestement vivre selonc Dieu. Non in solo pane vivit homo, sed in omni verbo quod procedit de ore Dei. L'estimeur du monde en ceste parole qu'il dist... »

Fol. 15 v°. « Ci ensuiant sont li enseignement monseigneur saint Loyz jadis roys de France, qu'il aprist et escrist devant sa mort à son ainsné filz, et aussi comme pour testament li lessa. Très chier filz, tout premierement je t'enseigne que tu aimmes Dieu...»

Fol. 20 v°. « Ci après commencent heures de Nostre Dame. »

Fol. 53. Les sept psaumes de la pénitence.

Fol. 63 v°. « Ci commencent oroisons de la Passion Nostre Seigneur Jhesu Crist. »

Fol. 66 v°. « Ci après commencent les heures du saint esperit. »

Fol. 75 v°. « Ci après commencent les heures de la passion Nostre Seigneur Jhesu Crist. »

Fol. 97 v°. Diverses prières et offices particuliers. La première pièce est une oraison rhythmique dont voici la première strophe :

Summe summi tu patris unice,
Mundi faber, et rector fabrice,
Pietatis respectu deice,
Peccatores afflictos respice,
Pie pater.

Fol. 155. « Incipiunt lamentationes beate Marie virginis in Passione Jhesu Christi filii sui. »

Fol. 167 v°. Prières françaises à réciter pendant la messe : « Ce qui s'ensuit en ceste premiere oroison doit estre dit entre le commence de la messe et la premiere oroison. Syre Diex, gloriex, sus toute gloire puissant... »

Fol. 176 v°. Prières françaises, dont quelques-unes sont attribuées à saint Anselme : « Aprez ceci commence l'oroison de la Croiz, laquele fist saint Anselme. Sainte vraie crois, par laquele me vient à memoire... »

Fol. 208. Heures de saint Jean Baptiste.

Fol. 217. Office des morts.

Fol. 239. « Ci commence la passion Nostre Seigneur Jhesu Crist, exposée selonc les docteurs, mise de latin en françois. Ce fu fait en l'an disiesme de l'empire Tyberien Cesar empeniere de Romme... »

Fol. 278 v°. « Veez ci la figure des VI degrez de charité selon la figure du trone de Salemon. C'est le trones de charités qui a VI degrez par lesquiex on monte... »

Fol. 282. « Ci aprez commence une moult merveilleuse et horrible histoire que l'en dit des III mors et des III vis. » Premiers vers :

> Si comme la matiere nous conte,
> Il furent si com duc et conte,
> Trois noble home de graut arroy
> Et de geutil com fil de roy.

L'auteur de ce dit est Baudouin de Condé. Voy. *Hist. litt. de la France*, XXIII, 278.

Fol. 286. « La complainte du crucefix.

> Ha, homme et femme, voi combien sueffre pour toi!
> Voy ma doleur, mon angoisseus conroy. »

Fol. 289. Prières à réciter « ad accipiendam viam in exitu domus, ville vel castri vel loci officium. »

Parchemin. 290 feuillets. 214 millimètres sur 152. Belle écriture de la fin du XIVe siècle. Très-fines et remarquables peintures, du même genre que celles des grandes heures du duc de Berry (ms. latin 919). A plusieurs endroits sont les armes et le portrait de Jean duc de Berry.

Au commencement, sur un feuillet de garde, coté A, on lit : « Ces heures ont esté reliées en l'estat qu'elles sont en l'an 1606 par ordre de Charles, par la grace de Dieu duc de Lorraine et de Bar; auparavant elles estoient couvertes d'argent, mais les pieces estoient fort gastées et rompues, et paroissoit y avoir eu des pierreries sur l'argent, et estoit escrit dessus : LOUYS ROY DE HIERUSALEM ET DE SICILE DUC D'ANJOU. 1390. » Plus bas, Gaignières a tracé ces mots : « Elles estoient reliées en velours violet fort passé et fort usé, avec des coins et des fermoirs d'argent doré, lorsque je les achetay de Madame de Chasnay, dans le cloistre des Bernardins de Paris. Je les ay fait relier comme elles sont le 9e may 1708. » Dans une autre note (ms. français 25691, fol. 7), Gaignières nous apprend qu'il paya ce beau volume 44 livres. — Ce ms. sorti du cabinet de Gaignières, fit partie de la collection du duc de La Vallière (voyez le catalogue, 1re partie, I, 96, no 284). A la vente de La Vallière, il fut acheté 450 l. pour la Bibliothèque. — No 127 du fonds de La Vallière.

Reliure en maroquin bleu, au chiffre de Gaignières, de l'année 1708.

Latin 18015. — Livre d'heures, commençant par un calendrier en français. A beaucoup d'endroits (fol. 15, 26 vo, 91, 173 et 174 vo), on remarque un chiffre formé des lettres K. L. enlacées.

Parchemin. 177 feuillets. 158 millimètres sur 112. Écriture du xve siècle. Peintures en camaïeu, sauf celle du fol. 13.

N° 267 du catalogue de l'abbé de Rothelin, en 1746. — Acquis par le duc de La Vallière à la vente du duc de Saint-Aignan. — Décrit sous le n° 293 dans le Catal. de la première partie de la bibliothèque du duc de La Vallière (I, 106). — N° 202 du fonds de La Vallière.

Reliure en maroquin rouge, de la seconde moitié du xviiie siècle.

LATIN 1750. — Divers traités de saint Ambroise, suivis de collections juridiques.

Fol. 1. « Incipit liber de Ysaac et anima. In patre nobis sancto Ysaac... — ... servare se debet et custodire. Explicit liber de Ysaac et anima. »

Fol. 17 v°. « Incipit liber de bono mortis. Quoniam de anima superiore libro... — ...perpetuitas a seculis et nunc et semper et in omnia secula seculorum. Amen. Explicit liber de bono mortis. »

Fol. 31 v°. « Incipit ejusdem liber primus de Jacob et beata vita. Necessarius ad disciplinam bonis... — ...summa animi tranquillitate perfusus. Explicit de Jacob et beata vita liber primus. Incipit ejusdem liber secundus (fol. 40). Superiore libro de virtutum preceptis... — ...inpasta leonum ora claudebat. Explicit liber II sancti Ambrosii episcopi de Jacob et beata vita. »

Fol. 48 v°. « Incipit liber sancti Ambrosii, episcopi Mediolanensis, de paradyso. De paradiso adoriundus sermo non mediocrem...— ...metemus ea que sunt spiritualia. Explicit liber sancti Ambrosii de paradiso. »

Fol. 69 v°. « Incipit ejusdem de consolatione Valentiniani. Etsi incrementum doloris... — ...matura resuscitatione compenses. Explicit liber sancti Ambrosii de consolatione Valentiniani. »

Fol. 79 v°. « Incipit epistola ejusdem ad Vercellenses. Ambrosius, servus Christi, vocatus episcopus, Vercellensi ecclesie et his qui invocant nomen Domini... — ...sine heresis temulentia. Explicit epistola sancti Ambrosii ad Vercellenses. »

Fol. 93. « Incipit tractatus ejusdem de Nabuthe israelite. Nabuthe historia tempore vetus est... — ...si prime laqueos prevaricationis evaserint. Explicit de Nabuthe israelite. »

Fol. 104. Extraits du droit romain par maître Pierre. « Incipit prologus Petri, viri disertissimi, super leges. Cum de pluribus diversisque causarum generibus per tot variosque legum scrupulos... » Dans ce prologue, l'auteur s'adresse à « Saxolinus, vir splendidissimus, Florentine civitatis magister. » Le copiste s'est arrêté (fol. 127 v°) aux mots : « coequatur parti illius filii qui minus a patre accepit, » lesquels, dans un autre exemplaire du même ouvrage (ms. latin 4709, fol. 43), se trouvent vers la fin du chap. LVI du livre IV.

Fol. 127 v°. Textes de droit canonique et de droit romain, principalement relatifs à la qualité des juges, des témoins, etc. « De qualitate judicum. In decretis Felicis pape capitulum I. Felix, alme Romane ecclesie episcopus, Athanasio et ceteris episcopis... » Le dernier paragraphe de cette petite collection (fol. 131 v°) commence par ces mots : « Imperator Leo, Nicostrato preposito. Nemo gradum sacerdocii precii venalitate mereetur... ; » il se termine par les mots : « cesset ab altaribus imminere. » La suite se trouvait sur des feuillets qui n'existent plus.

Parchemin. 131 feuillets, plus un feuillet préliminaire coté A, qui est un morceau de lectionnaire, du XIIe siècle. 264 millimètres sur 185. Écriture à deux colonnes, du XIIe siècle.

Au bas du fol. 43 v°, note très-peu lisible, dans laquelle il est question d'un abbé de Royaumont. Le volume a dû être copié dans l'abbaye de Foucarmont ; il fut vendu en 1682 par les moines de Foucarmont à Colbert.

N° 5142 de Colbert. — N° 3986.5 de l'inventaire de 1682.

Demi-reliure en maroquin rouge, au chiffre de Louis-Philippe.

FRANÇAIS **22912** ET **22913**. — La Cité de Dieu, de saint Augustin, traduite et exposée par Raoul de Préles. Le tome I contient les livres I-X, précédés de la liste des auteurs cités par Raoul de Préles (fol. 1), de la dédicace à Charles V (fol. 3) : « A vouz très excellent prince Charles le Quint, roy de France, je Raoul de Praelles, vostre humble serviteur et subget, tout vostre et tout ce que je scé et puis faire.... » et du prologue (fol. 5): « Neccessaire chose est ou au moins très profitable... »

Le tome II, contenant les livres XI-XXII, se termine, au fol. 449, par ces mots : « Cette translacion et exposicion fu commenciée par maistre Raoul de Praelles à la Toussains l'an de grace mil CCC soixante et onze, et fu achevée le premier jour de septembre l'an de grace mil CCC soixante et quinze. »

Parchemin. 445 feuillets au tome I, et 449 au tome II. 283 millimètres sur 198. Écriture sur deux colonnes, de la seconde moitié du règne de Charles V. Grande peinture servant de frontispice (t. I, fol. 2 v°); portrait de Charles V recevant le travail de Raoul de Presles (ibid. fol. 3); miniatures en tête de chaque livre.

La présence de l'écu royal sur beaucoup de pages autorise à considérer cet exemplaire comme un de ceux qui furent exécutés pour le roi Charles V. C'est à lui, selon toute apparence, qu'il faut rapporter l'article 235 de l'inventaire de la librairie du Louvre dressé par Gilles Mallet : « Item la Cité de Dieu, en deux volumes, couverte de soie à queue, et fermoirs comme dessus » (ms. français 2700, fol. 12 v°); il fut remis le 7 octobre 1380 au duc d'Anjou (ibid. fol. 44, n° 67).

Ces deux volumes furent trouvés en 1707 par Gaignières chez un libraire du quai des Augustins. — N° 1379 du fonds de Gaignières.

Reliure en maroquin rouge, du commencement du XVIIIe siècle.

Latin 8913. — Fragments d'un recueil des lettres et homélies de saint Avit, écrit en cursive mérovingienne du VIe siècle. Ils consistent en quinze feuillets de papyrus, plus ou moins mutilés. L'espace occupé par l'écriture sur chaque page forme un cadre large de 254 millimètres, et dont la hauteur varie entre 260 et 280 millimètres. Les feuillets sont montés sur des papiers oblongs de 390 millimètres sur 435.

Une copie des fol. 1-14, faite par Jérôme Bignon, à une époque où ces feuillets étaient un peu moins détériorés qu'ils ne le sont aujourd'hui, se trouve dans la collection Baluze, vol. 207, fol. 71-78.

Ces fragments ont été en grande partie publiés dans l'édition des Œuvres de saint Avit donnée par Sirmond, et dans le volume intitulé : *Études paléographiques et historiques sur des papyrus du VIe siècle, en partie inédits, renfermant des homélies de saint Avit et des écrits de saint Augustin* (Genève, 1866, in-4°).

Fac-simile des fol. 3, 3 v°, 9 et 9 v° dans le recueil de Champollion, *Chartes et manuscrits sur papyrus*, pl. XIII et XVI. — Fac-simile des fol. 4 (en partie), 6, 6 v°, 15 (en partie) et 15 v° dans les *Études paléographiques* ci-dessus citées.

Ces fragments ont fait partie d'un volume que Paradin (*Mém. de l'hist. de Lyon*, p. 103) avait vu dans la bibliothèque de l'église Saint-Jean de Lyon. Les fol. 1-14 appartinrent à J. A. de Thou, dans la première moitié du XVIIe siècle; ils entrèrent à la Bibliothèque du roi avant l'année 1689; M. Guérard leur assigna le nº 668 dans le Supplément latin. Le fol. 15 a été trouvé en janvier 1865, par Em. Dambreville, dans le ms. latin 11859, qui vient de Saint-Germain-des-Prés.

Reliure en maroquin rouge, au chiffre de la République de 1848.

Latin **8914**. — Fragments de parchemin et de papyrus, au nombre de 37, tous de très-petites dimensions, ayant fait partie du même volume que les fragments du ms. 8913. Il n'y a point trace d'écriture sur les morceaux de parchemin, qui peut-être n'appartenaient pas primitivement au volume, et qui ont pu être ajoutés par les anciens relieurs pour donner plus de consistance au fond des cahiers de papyrus.

Ces fragments, qui avaient été négligés quand on fit monter les fragments compris dans le ms. 8913, ont été depuis montés sur des papiers hauts de 368 millimètres et larges de 183.

Demi-reliure en parchemin de l'année 1866.

Latin **16915**. — Morceaux de papyrus, du IVe siècle, contenant des fragments de rescrits impériaux adressés à un magistrat d'Égypte.

Ces morceaux, venant de l'île d'Éléphantine, furent rapportés d'Égypte par Casati, signalés en 1822 par J. Saint-Martin, déposés quelque temps après au cabinet des antiques de la Bibliothèque, et transférés depuis au département des manuscrits.

Le fac-similé en fut publié en 1839 par Champollion-Figeac (*Chartes et manuscrits sur papyrus*, pl. XIV). En 1842, M. Natalis de Wailly les a déchiffrés, et a montré qu'ils ont fait partie de deux pièces différentes, auxquelles appartenaient d'autres morceaux de papyrus conservés au Musée du Louvre et au Musée d'antiquités de Leyde; *Mémoires de l'Académie des inscriptions*, XV, I, 399. Il y en a aussi un fragment figuré dans la *Paléographie universelle* de Champollion.

Ces morceaux sont montés sur trois cartons oblongs, de 340 millimètres sur 458.

Latin **4709**. — Fol. 1. Règles de droit, avec gloses marginales et interlinéaires. Titre et premiers mots : « De diversis regulis juris antiqui rubrica. Paulus. Regula est que rem que est breviter enarrat... » Premiers mots de la glose marginale : « Regula est brevis rerum narratio et quasi cause conjunctio... » Dernière phrase : « Paulus. Servus rei publice causa abesse non potest. »

Fol. 16. Extraits du droit romain par maître Pierre. L'ouvrage est précédé (fol. 15 v°) de trois passages empruntés à Isidore et à Paul Diacre. Il commence par le prologue adressé à « Odilo, vir splendidissimus, Florentine civitatis magister magnificus; » titre et premiers mots de ce prologue : « Incipit prologus Petri, viri disertissimi, in exceptionibus legum Romanarum : Cum de pluribus... » L'ouvrage se termine au fol. 44 par les mots : « Cum enim quis petit ex ea stipulatione hoc ipso dolo facit quod petit. Explicit liber quartus. Expliciunt exceptiones Romanarum legum magistri Petri, viri sapientissimi. »

Fol. 44 v°. Compilation de droit, qui doit être la suite des extraits de maître Pierre. « Regule collecte ex Justiniani Codice, Digestis et ex libro Novellarum. In communione vel societate nemo compellitur invitus detineri... — ...disposuit quem a suo nomine Theodosianum vocant. Amen. Expliciunt regule excerpte ex libris legum Romanarum. »

Suivent, sur le fol. 55 et v°, la table des chapitres du livre II des Extraits de maître Pierre et presqu'en entier le chapitre I de ce second livre, tels qu'on les lit plus haut, fol. 24 et v°.

Fol. 56. Abrégé du Décret de Gratien. « Incipit Concordantia discordantium canonum. De jure constitutionis et nature humane. Humanum genus duobus regitur... » La copie de cet abrégé est restée inachevée; elle s'arrête (fol. 82) aux mots : « Uterque depositus penitentiam agat. Idem..., » lesquels correspondent à la deuxième partie du Décret, cause I, question I, § cix.

Fol. 83. Abrégé des Déclamations de Quintilien, précédé d'un petit prologue. Premiers et derniers mots du prologue : « Cum in ea terrarum parte in qua minimum ratio... — ...non ramos sed radices tibi commendo. Propagines enim ingenio tuo credendas esse judico. Valete. » Commencement et fin de l'abrégé : « Ex incendio domus adolescens patrem extulit... — ...Ecce res cui contra naturam, contra parentes, contra liberos credi debeat. »

Fol. 95. Dialogue sur l'histoire sainte et la foi chrétienne, entre deux interlocuteurs qui sont désignés par les lettres A et R. Commencement et fin de ce dialogue : « [A.] Quid fuit antequam mundus fieret? — R. Solus Deus. — A. Quandiu? — R. Ab eterno. — A. Ubi fuit? — R. In semet ipso... — ...quem ad modum beatus qui eductus fuerit de hoc ergastulo et introductus in gaudium domini sui. »

Fol. 98 v°. Note sur la volonté de Dieu. « Notandum est tribus modis sacram scripturam accipere voluntatem Dei... — ...et Judei voluntati Dei in morte Christi concordes fuerunt. »

Fol. 98 v°. Profession de foi et prières en vers rhythmiques :

Alpha et ω, magne Deus,
Hely, hely, Deus meus.

La suite du morceau est au fol. 103.

Fol. 99. Notes de théologie dogmatique et morale : « Deus sursum erat et homo deorsum. Veritas erat in celo cum judice Deo... »

Fol. 103 v°. Autres notes de théologie dogmatique, morale et mystique : « Obedientie bonum per inobedientie malum lucidius declarabitur... »

Parchemin. 106 feuillets. 220 millimètres sur 140. Écriture de la seconde moitié du XIIe siècle. Les fol. 95-106 sont des fragments d'un ms. étranger au reste du volume.

Au bas du fol. 55 v° est une note de la main de Rançonnet. Au commencement du volume, sur le parchemin qui recouvre le plat, notice écrite par Jean Gosselin.

N° 1667 de l'inventaire de Rigault. — N° 1817 de l'inventaire de Dupuy. — N° 5944 de l'inventaire de 1682.

Reliure en cuir rouge, aux armes et au chiffre de Charles IX.

Latin 3929. — Les quatre premières compilations des Décrétales.

Fol. 1. Quatrième compilation. « De summa Trinitate et fide catholica. Firmiter credimus et simpliciter confitemur quod.... — .... ut commissa defleat et flenda ulterius non committat. Explicit quarta copulatio (*sic*). »

Fol. 22. Première compilation. « De constitutionibus liber primus. Juste judicate, filii hominum, et nolite judicare secundum faciem... — .... non enim potest esse pastoris excusatio si lupus oves comedit et pastor nescit. Explicit Juste. »

Fol. 74. Deuxième compilation. Liber primus de rescriptis. Preterea de illa lege vel errore quem cives tuos asseris statuisse.... — .... ut prefati ipsius hospitalis fratres abbati ejusque successoribus obediant in perpetuum tanquam prelatis et dominus archiepiscopus precepit. Explicit Preterea. »

Fol. 99. Troisième compilation : « Liber primus de constitutionibus. Devocioni. Servus servorum dei, universis magistris et scolaribus

Bolonie (*sic*) commorantibus, salutem et apostolicam benedictionem. Evecccioni (*sic*) vestre insinuatione presencium innotescat decretales epistolas a dilecto filio magistro P. subdiacono et notario nostro compilatas... — ... Omnes autem que in hoc opere continentur in registris ejusdem a primo anno usque ad duodecimum noveritis contineri. »

Finito libro reddatur cena magistro.
Explicit iste liber scriptor sit a crimine liber.
Explicit. Expliceat. Bibere scriptor eat.

En tête du ms. est fixé un feuillet de papier sur lequel sont des observations relatives à la condamnation des erreurs d'Amauri par Innocent III.

Parchemin. 179 feuillets. 342 millimètres sur 240. Écriture sur deux colonnes, du XIIIe siècle.

N° 82 de Bigot. — N° 3890 4 de l'inventaire de 1682.

Reliure en veau aux armes de Bigot.

LATIN 15411. — Fol. 1. « Somma super titulis decretalium compilata a magistro Goffredo de Trano, domini pape (*mot omis*). Glosarum diversitas intelligentiam textus nonnunquam obtenebrat ... — ... non omnes qui summam habituri sunt habeant apparatum, et propterea malui repeti quam deesse. » Suit, sur le fol. 78, la table des rubriques des chapitres de la Somme.

Fol. 79. « Incipit libellus compositus per Johannem de Blanosco, burgundionem, Masticonensis dyocesis, super titulo Institutarum de actionibus... » Le traité commence comme dans le ms. 4703; il finit par ces mots : «...sed defectus meos, si qui sunt, debeant supportare. Actum Bononie, anno Domini M° CC° L° VI°, mense Januario. Explicit Summa domini Johannis de Blanosco, burgundionis, legum doctoris. »

Au commencement, sur un feuillet de garde coté A, on a copié : 1° le testament de « magister B. de Seneffia, canonicus ecclesie Beate Marie Tongrensis, » daté « anno nativitatis Domini M° CC° LXXX° 1°, die tali, » et dans lequel figure « magister Bernerus de Nivella, canonicus Sancti Martini Leodicensis; » 2° une lettre d'Alexandre IV, du 22 décembre 1254, portant révocation d'une lettre par laquelle Innocent IV avait restreint les prérogatives des religieux en ce qui touche la prédication et le ministère ecclésiastique : « Nec insolitum. »

Parchemin. 107 feuillets, plus un feuillet préliminaire. 390 millimètres sur 252. Écriture à deux colonnes, de la seconde moitié du XIIIe siècle.

De l'ancienne bibliothèque de la Sorbonne : « ex legato magistri Berneri de Nivella; precii LX sol. » — « Inter libros juris, XLV. » — Portait en 1789 le no 843, et plus anciennement le no 1445. — No 751 du fonds de la Sorbonne.

Au fol. 107 vo, en écriture du commencement du XIVe siècle, liste de différents livres prêtés à « G. l'Arch[er]. »

Ancienne reliure en bois recouvert de cuir.

LATIN 7877. — Généalogies des Dieux par Jean Boccace. — Le ms. commence par une table des chapitres (fol. 1) et par une table alphabétique (fol. 10), dont l'auteur s'est fait connaître dans une lettre préliminaire : « Ad virum egregium Pasquinum de Capellis, meritum illustris excelsique principis et domini domini Virtutum comitis etc., suus Matheus de Orglano, Vincentinus. »

Rubriques du commencement et de la fin de l'ouvrage : « Genealogie Deorum Gentilium ad Ugonem, inclitum Jerusalem et Cipri regem, secundum Johannem Boccatium de Certaldo, liber primus incipit feliciter (fol. 13). — Genealogie Deorum Gentilium, secundum Johannem Boccacium de Certaldo, ad illustrem principem Ugonem, Yerusalem et Cypri regem, liber quintus decimus et ultimus explicit. Deo gratias. Amen (fol. 161). »

Au-dessus de la rubrique finale, on lit, en caractères très-déliés : « Explevi legere 1388, XXI Jan. JO. », note qui se rapporte sans doute à la collation de la copie.

Parchemin. 161 feuillets. 354 millimètres sur 256. Écrit sur deux colonnes, vers l'année 1388, probablement pour Jean Galéas.

Sur le plat intérieur, au commencement, notes se rapportant à la place que le volume occupait dans la bibliothèque de Pavie ou peut-être dans celle de Blois : « secunda II .orie tabella inferius prope hostium, liber III. — Ex libris historialibus, pulpito 5. »

No 555 de l'inventaire de Rigault. — No 468 de l'inventaire de Dupuy. — No 4992 de l'inventaire de 1682.

Reliure en bois recouvert de velours rouge.

LATIN 5750. — Livres XXI-XXX de l'Histoire de Tite-Live. Les deux premiers cahiers manquent. Du troisième il ne subsiste plus que deux feuillets, aujourd'hui cotés 1 et 2, qui renferment une partie des chapitres xx, xxi et xxix-xxx du livre XXI (« Jus avidissima gens est principum... — ... has copias partim; — tegro bello nusquam ante libatis viribus... — .. Gallos ea quæ adiri »). Le cahier IV manque, ainsi que le premier feuillet du cahier V; le second feuillet du cahier V commence aux mots « salute esset certamen » (XXI, xli). A partir de là le texte se suit sans lacune sur les cahiers V-LXIII, qui sont tous de huit feuillets, sauf les cahiers XLIII (fol. 308-313) et XLV (fol. 322-327), composés chacun de six feuillets seulement. La dernière page du cahier LXIII (fol. 469 v°) s'arrête aux mots « consul creatus cum » du chap. xxx du livre XXX. Les cahiers qui venaient après ont disparu; il n'en reste qu'un feuillet, coté 470, lequel renferme un fragment des chapitres xxxvii et xxxviii du même livre XXX : « neque domaret alios bellum...—...præsentia exacta indutiæ quæ Carthagi. »

Ce volume est écrit sur deux colonnes, en lettres onciales, qui doivent bien remonter au vie siècle. Le fol. 22 v° a été reproduit dans la *Paléographie universelle*, comme appartenant au viiie siècle.

A la fin de chaque livre se voient, en caractères cursifs, des notes qui attestent que le texte a été collationné : « Recognobi Abellini (fol. 22, 176 et 225 v°), Recognobi vobis (fol. 77 v° et 127), Recognobi » (fol. 284 v°, 342 v°, 383 et 442).

Cet exemplaire de Tite-Live a dû être conservé au moyen âge dans l'abbaye de Corbie, et nous pouvons lui appliquer l'article « Titi Livii decada tertia » de l'ancien catalogue de la bibliothèque de Corbie. Au xvie siècle il entra dans la bibliothèque de Claude Dupuy, qui a mis son nom au bas du fol. 1. Vers le milieu du xviie siècle, Dom Anselme Le Michel en retrouva, dans l'abbaye de Corbie, un feuillet, aujourd'hui coté 479, en tête duquel il mit une note dont il ne reste plus que ces mots : « nobili exemplari superesse hic apud Corbeiense cœnobium. »

Parchemin très-fin. 470 feuillets. 278 millimètres sur 235. — Écriture onciale, probablement du vie siècle, comme il a été dit plus haut.

N° 2 de Dupuy. — N° 5253 de l'inventaire de 1682.

Reliure en maroquin bleu du commencement du xixe siècle.

Latin 15047. — Fol 1. Sommaire et extraits des dix livres de l'Alexandréide. « Incipiunt proverbia primi libri Alexandreidos. In primo libro instruit Aristoteles Alexandrum.

O quam difficile est studium non prodere vultu!
Consultor procerum, servos contempne bilingues.
. . . .
Nec mora, destituit calor, et de carcere tandem
Spiritus erumpens tenues exivit in auras. »

Fol. 9. Seconde rédaction de l'Histoire ecclésiastique de Hugues de Fleury. « Assyriorum igitur rex potentissimus fuit olim Ninus... — ... Karolus vero pius Franciam, Burgundiam et Aquitaniam obtinuit solus. Explicit. » — Une main du XIVe siècle a mis au bas du fol. 8 v° cette note sur l'auteur de la chronique : « Hanc hystoriam que sequitur scripsit Hugo, venerabilis monachus Floriacensis seu Sancti Benedicti super Ligerim, gratia Adele, comitisse tunc Blesensis, Carnotensis ac Meldensis, eamque misit magistro Yvoni, tunc episcopo Carnotensi, anno Domini M° C° X°, ab Abraham usque ad nepotes Karoli Magni ex filio. » Voyez Pertz, *Scriptores*, IX, 354-364.

Fol. 149. Histoire des Francs, depuis Énée jusqu'à la fin de la dynastie mérovingienne. « Progeniem regum Francorum eorumque originem vel gentium illarum gesta proferamus. Est autem in Asia oppidum Trojanorum... — ... Franci vero Theodoricum, Cala monasterio enutritum, filium Dagoberti junioris, regem super se statuunt, qui nunc anno sexto in regno resedit vel subsi... » Le reste n'a pas été copié.

Fol. 177 v°. Histoire de Charlemagne, telle qu'elle est dans le livre VI de la seconde rédaction de l'Histoire ecclésiastique de Hugues de Fleury. « Karolus igitur Magnus, ex rege Francorum factus imperator Romanorum, anno dominice incarnationis DCCCXXXIII... — ... attractus amore et opinione prefati principis Karoli precellentissimi imperatoris. »

Fol. 180. « Genealogia regum Francorum. Ex genere Priami fuit Meroveus... — ... ipse vero (Henricus I) sequenti anno obiit. »

Fol 180 v°. Chronique des rois de France depuis l'année 688 jusqu'au roi Robert. « Anno ab incarnatione Christi DCLXXXVIII, Pippinus auster major domus regie... — ... Aurelianis civitate, ubi et defunctus est. » Publié sous le titre de ***Historia Francorum Senonensis***, dans Pertz, *Scriptores*, IX, 364-369.

Fol. 187. Seconde rédaction de l'Histoire des ducs de Normandie par

Guillaume de Jumiéges. « Epistola Willelmi, Gemmeticensis monachi, ad regem Anglorum Willelmum. Pio, victorioso atque orthodoxo... — ... rex victoriose atque orthodoxe. Explicit epistola ad Willelmum, ortodoxum regem Anglorum. Inprimis de origine Dacorum et eorum pressuris quibusdam regnis per aliquot annos ab eis crudeliter illatis liber incipit primus. Cap. I. Ex quo Francorum gens resumptis... — ... movet ac moderatur legibus. Amen. Explicit opus cenobite Guillelmi, preclarissimos Normannie duces chronico stilo representantis. »

Çà et là (fol 15 v°, 17 v°, 18, 20, 148 v°, 179 v°, etc.), sur des marges ou des portions de feuillet restées en blanc, on a tracé, vers le commencement du XIVe siècle, au crayon ou avec une encre très-pâle, des notes et extraits historiques. En tête de l'une (fol. 177), on lit le nom de « Helyn[andus]. »

Parchemin. 219 feuillets, plus 2 feuillets préliminaires cotés A et B. 245 millimètres sur 170. Les différents morceaux compris dans ce volume paraissent avoir été tous transcrits au commencement du XIIIe siècle, mais ils ont dû appartenir à quatre volumes différents. Du premier viennent les fol. 1-8, écrits à deux colonnes; du second, les fol. 9-148, à deux colonnes; du troisième, les fol. 149-186, à longues lignes; du quatrième, les fol. 187-218, à deux colonnes.

De l'abbaye de Saint-Victor, n° BBB 13 du catalogue de Claude de Grandrue, puis n° C.f.31, 447 et 817. — N° 580 du fonds de Saint-Victor.

Reliure en bois recouvert d'une peau blanche.

LATIN **9768**. — Fol. 1. Histoire de Nithard. Commencement : « Cum, ut optime mi domine nosti, jam poene annis duobus... » Fin (fol. 18) : « Spem omnium bonorum eripiebat. » Le texte des serments, dont le fac-simile a été souvent publié, se trouve au fol. 13.

Fol. 19 v°. Annales de Flodoard, de 919 à 966. En tête, note sur la mort de Charles le Chauve : « Anno DCCCLXXVII et indictione XII, nonas Octobris, praecellentissimus imperator Karolus sanctae recordationis... » Premiers et derniers mots de la chronique : « Anno incarnationis D. N. J. C. DCCCCXVIII cecidit Remis grando.. — ... rapinis incendiisque devastat. Huc usque cronica Frodoardi presbiteri. » Vient ensuite (fol. 46) l'appendice relatif aux années 966, 976, 977 et 978, dont voici les premiers et les derniers mots : « Ipso anno vir vitæ venerabilis et Remensis ecclesie presbiter nomine Frodoardus... — ... dum corporaliter in hoc seculo vivens mansit, pio moderamine rexit. Explicit. »

Parchemin. 46 feuillets. 290 millimètres sur 245. Écriture sur deux colonnes, de la fin du xe ou du commencement du xie siècle.

Ce ms. était conservé au commencement du xve siècle dans l'abbaye de Saint-Magloire de Paris, comme le prouve la note suivante que le copiste du ms. latin 14663 a mise en tête des Annales de Flodoard (fol. 289), qu'il transcrivait d'après notre ms. 9768 : « Non plus reperi de ista cronica, quam habui de monasterio Sancti Maglorii Parisiensis, que ibidem reperitur scripta de littera vetustissima. » — Au xviie siècle, le ms. appartint à Pétau ; témoin la signature Petavius et la note Q 50 qu'on lit sur le fol. 1. — Il a été conservé au Vatican, sous le no 1964 du fonds de la reine de Suède, et apporté à la Bibl. Nat. en 1797. — No 623 du Supplément latin.

Reliure en parchemin du xviiie siècle.

Français **2621**. — Première partie de la Toison d'or, par Guillaume Fillâtre. Exemplaire incomplet au commencement et à la fin. Les premiers mots conservés sont : « le mot son tiers filz, » et les derniers : « qu'il faisoit journellement le monstrerent. » Cette premiere partie, dont nous avons des exemplaires complets dans les mss. français 138 et 139, est consacrée à la Magnanimité, symbolisée par la Toison de Jason ; voyez *Revue des Sociétés savantes*, année 1869, 4e série, IX, 153-157.

Parchemin. 119 feuillets. 390 millimètres sur 287. Écriture sur deux colonnes, de la seconde moitié du xve siècle.

De la bibliothèque de Béthune. — No 8311 de l'inventaire de 1682.

Reliure en maroquin rouge, aux armes de Béthune.

Latin **9067**. — Copies de deux anciens registres de la Chambre des comptes, qui ont dû périr dans l'incendie de 1737, savoir :

Fol. 2-248. Registre rédigé vers le commencement du xive siècle, cité par plusieurs auteurs sous le titre de Registre normand coté P ; il contient d'abord la compilation d'actes connue sous la dénomination de registre G de Philippe-Auguste, puis différentes pièces du xiie et du xiiie siècle, relatives pour la plupart aux affaires de la Normandie.

Fol. 250-383. Registre de la seigneurie de Château-du-Loir, rédigé vers la fin du XIIIe siècle, et contenant des rôles de feudataires, des tarifs de péages et différents actes du XIVe et du XIIIe siècle relatifs à la seigneurie de Château-du-Loir. Il y a des annotations de D. Housseau, qui a comparé cette copie avec les extraits que Du Cange avait pris sur le registre original et qui sont dans le ms. français 9501.

Papier. 383 feuillets. 430 millimètres sur 288. Copie faite au XVIIe siècle pour le surintendant Foucquet.

Le volume a dû successivement appartenir à Le Ragois de Bretonvilliers, à l'abbé de Caumartin et à l'abbaye de Saint-Germain. — N° 1412 du Supplément latin.

Demi-reliure en parchemin du XIXe siècle.

FRANÇAIS, NOUV. ACQ. **1992**. — Recueil de 98 lettres autographes, adressées par madame de Maintenon à madame de Brinon, depuis 1681 jusqu'en 1689, et dont la table occupe les fol. 235 et 236 du volume. A ce recueil sont jointes les pièces suivantes :

Fol. 96. Copie du brevet accordé par le roi Louis XIV à madame de Brinon, le 26 juin 1686.

Fol. 170. Lettre de M. de Mag..., datée de Chartres, le 26 avril 1688. Mutilée.

Fol. 213. Copie du discours prononcé à la profession des dames de Saint-Louis le 11 décembre 1693.

Fol. 233. Minute d'une lettre de madame de Brinon à madame de Maintenon.

Sur ce recueil, voyez les articles publiés dans le *Journal de Seine-et-Marne* (31 mars, 4, 7, 11, 14, 18, 25 et 28 avril et 2 mai 1872), par M. de Ginoux, qui a cru pouvoir attribuer à Bossuet le discours du 11 décembre 1693.

Papier. 236 feuillets. 246 millimetres sur 190. Plusieurs des lettres sont plus ou moins mutilées.

Offert à la Bibliotheque, en 1872, par M. Duviquet, notaire-honoraire à Crouy-sur-Ourcq, qui s'est réservé jusqu'en 1877 le droit de publier les lettres de madame de Maintenon.

Reliure en maroquin rouge, de l'année 1872.

LATIN, NOUV. ACQ. **1206**. — Copie figurée du Cartulaire de l'abbaye de Vaucelles (diocèse de Cambrai), conservé aux archives du département du Nord.

Le cartulaire original, qui est ici reproduit lettre pour lettre, est un petit registre en parchemin, de VI et 94 feuillets. Il se compose de 84 chartes, du XIIe et du XIIIe siècle, relatives au domaine de *Balduini Vallis*, aujourd'hui Beaudival (Nord, arr. de Cambrai, cant. et comm. du C[illegible]teau); les chartes I-LXII ont été transcrites au commencement du XIIIe siècle, et les autres par différentes mains du XIIIe et du commencement du XIVe siècle. Sur les feuillets préliminaires, notes du XIIIe et du commencement du XIVe siècle, relatives à différents cens. Au fol. II v° commence la table des chartes du cartulaire. A la fin du volume (fol. 89-94), additions du XVe siècle.

Papier. 95 pages. 360 millimètres sur 270. Copie faite en 1872 pour la Bibliothèque par M. Ulysse Robert.

Demi-reliure en maroquin rouge, de l'année 1872.

LATIN **10048-10052** (cinq volumes). — Recherches du P. Artus du Monstier sur l'histoire de la Normandie. L'ouvrage complet du P. du Monstier devait être ainsi divisé : « Neustria christiana, Neustria sancta, Neustria pia, Neustria miscellanea. » Le Neustria pia a été imprimé en 1663, en un volume in-folio; les autres parties, dont nous avons le ms. original, sont restées inédites.

Tome I, ms. latin 10048 (366 feuillets).

Première partie du « Neustria christiana, » comprenant l'histoire des archevêques de Rouen. L'auteur a mis en tête une dissertation sur l'antiquité des églises de France. Ce volume était d'abord daté de 1647, date qui a été changée en 1659. Au fol. 6, approbations datées de l'année 1660.

Tome II, ms. latin 10049 (469 feuillets).

Seconde partie du « Neustria christiana, » comprenant l'histoire des évêques de Bayeux (fol. 5), Avranches (fol. 100), Evreux (fol. 145), Séez (fol. 217), Lisieux (fol. 265) et Coutances (fol. 385).

A son travail primitif l'auteur a joint deux cahiers renfermant les anciens statuts du diocèse de Bayeux (fol. 62) et ceux du diocèse de Coutances (fol. 404). Les fol. 351-354 du volume sont formés par une pièce imprimée intitulée : « Ad ill. rev. in Christo patrem D. D. Leonorem de Matignon, episcopum Constantiensem (*sic*) : Insignia Matignonensia; » c'est un poème latin, signé par « Philippus Hue Lexoveus. »

En tête du volume, approbation en date du 6 août 1660.

Tome III, ms. latin 10050 (267 feuillets).

Première rédaction de la seconde partie du « Neustria christiana, » comprenant l'histoire des évêques de Bayeux (fol. 1), Avranches (fol. 59), Evreux (fol. 98), Séez (fol. 144), Lisieux (fol. 170) et Coutances (fol. 220). Cette rédaction est datée de l'année 1647.

Tome IV, ms. latin 10051 (455 feuillets).

Vies des saints de la province de Rouen, recueillies sous le titre de « Neustria sancta, in qua recensentur, toto anni decursu, servato dierum ordine, illi omnes qui vitæ sanctitate miraculorumque gloria, ortu, prædicatione, patrocinio, incolatu, visitatione, morte, martyrio, memoria, reliquiis vel alio aliquo modo Neustriam illustrarunt. » Dans ce recueil, primitivement daté de 1647, puis de 1657, et approuvé pour l'impression en 1660, il faut distinguer les morceaux suivants :

Fol. 28. « Vita beati Guillelmi, primi prioris Sanctæ Barbaræ in Algia, ex ms. codice prioratus Sanctæ Barbaræ excerpta compendio. »

Fol. 36. « Translatio sancti Severi, Abrincensis episcopi, ex codice ms. abbatiæ Sancti Severi. »

Fol. 67. « Rothomagi elevatio sancti Audoeni archiepiscopi. »

Fol. 82 v°. « Translatio capitis sancti Romani, Rothomagensis archiepiscopi. »

Fol. 100. « Vita et miracula sanctæ Opportunæ, ex codice antiquo ms. in pergameno, Lutetiæ apud ecclesiam Sanctæ Opportunæ asservato, et ab Adelino, Sagiensi episcopo, conscripta. »

Fol. 112. « Sermo in festivitate sanctorum quorum reliquiæ in ecclesia Sancti Audoeni requiescunt, ex ms. codice ejusdem monasterii perantiquo. »

Fol. 119. « Ex libro de miraculis sanctorum Saviniacensium. »

Fol. 124 v°. « Translatio sancti Audoeni archiepiscopi. »

Fol. 128. « Vita sancti Regnoberti, Baiocensis episcopi, a beato Lupo edita; ex codice antiquo ms. ecclesiæ collegiatæ Versiacensis. »

Fol. 144 v°. « Vita sancti Firmati, episcopi, per Stephanum, episcopum Rhedonensem; ex codice ms. apud capellam sanctam Moritonii. »

Fol. 157. « Vita beati Gaufridi, abbatis secundi Saviniacensis, ex codice vetusto Saviniacensi. »

Fol. 165. « Miracula quæ in ecclesia Fiscanensi contigerunt. »

Fol. 170 v°. « Translatio corporis sancti Romani, archiepiscopi Rothomagensis. »

Fol. 184. « Vita sancti Severi, episcopi Abrincensis, ex pervetusto ms. codice abbatiæ Sancti Severi. »

Fol. 199 et 205. « Sanctorum Ravenni et Rasiphi translatio. » Texte communiqué par De Sallen la Fremondière.

Fol. 208. « Vita sancti Exuperii, Baiocensis episcopi, ex codice ms. Corboliensis ecclesiæ. »

Fol. 216 v°. « Miracula ecclesiæ Constanciensis, ex ms. codice nigro ecclesiæ cathedralis Constanciensis. »

Fol. 234. « Vita sancti Audoeni, a Theodorico fideliter concinnata et carmine edita, ex vetustis abbatiæ Sancti Audoeni Rothomagensis monimentis desumpta. »

Fol. 279 v°. « Vita sancti Evodii, confessoris, ex ms. cod. monasterii Branæ. »

Fol. 281. « Vita et passio sancti Nicasii, Rothomagensis archiepiscopi, ex perantiquo codice. »

Fol. 283. « Sancti Nicasii et sociorum martyrum vita et passio gloriosa, carmine edita. »

Fol. 300. « Vita et miracula beati Thomæ Helyæ, auctore Clemente. »

Fol. 310 v°. « Vita sancti Romani, archiepiscopi Rothomagensis, carmine decantata. »

Fol. 328. « Descriptio translationis reliquiarum ac miraculorum sanctæ Catharinæ. »

Fol. 337 v°. « Miracula sanctæ Barbaræ, ex codice ms. prioratus Sanctæ Barbaræ in Algia. »

Fol. 339. « Translatio beati Nicasii, Rothomagensis archiepiscopi, Quirini et Scuviculi, sociorum ejus, martyrum »

Fol. 344. « Vita beati Petri Abrincensis, monachi Saviniacensis, ex vetusto ms. codice ejusdem abbatiæ. »

Fol. 355. « Vita beati Petri Berthelot. »

Fol. 360. « Vita sanctæ Basiliæ. » Texte envoyé de Bayeux par Marie de Saint-Augustin.

Au fol 294 a été intercalée une lettre autographe de Trigan, curé de Digôville, du 17 février 1734.

A la fin du volume, fol. 368-455, ouvrage inachevé du P. Artus du Monstier, qui a mis en tête le titre suivant : « Les merveilleux effectz de la grace, les glorieux triomphes du divin amant en toutes ses espouses célestes, les sainctes et bienheureuses vierges, martyres, religieuses et seculières, mariées et vefves, de quelque aage, pays et nation que ce soit ; de toute sorte d'estat, grade, dignité et condition, en toute l'église catholique et par toute l'estendue de la terre, depuis l'incarnation du filz de Dieu jusqu'à present, illustres par leur saincteté de vie et insignes miracles, avec leurs vies, gestes et actions plus mémorables, selon l'histoire chronologique exactement observée. »

Tome V, ms. latin 10052 (219 feuillets).

Mélanges sur l'histoire de Normandie, recueil daté de l'année 1647, et intitulé : « Neustria miscellanea, in qua varia diversaque propria ac peculiaria genti neustriacæ promiscue proferuntur encomia, elogia, facta praeclariora, privilegia, viri illustriores et cæt. »

Fol. 8. « De urbe Rothomago. »

Fol. 11. Extrait d'un ms. de la Chronique de Rouen, s'arrêtant à l'année 1332.

Fol. 28. « De vicariatu Pontæsiano. »

Fol. 42. « De privilegio sancti Romani. »

Fol. 47. « De regno Ivetoti. »

Fol 52 v°. « De principatu Bethancuriano. »

Fol. 76. Note d'Artus du Monstier sur ses propres travaux.

Fol. 78. « Catalogus carmelitarum neustriorum vel qui in Neustria floruerunt. » Cet opuscule ne parait pas être d'Artus du Monstier.

Fol. 108. « De pietate christiana et publica, etiamnum exculta, apud Neustriæ Normanniæque populos. » Ce sont des notes sur les hôpitaux et les hôtels-Dieu de Normandie.

Fol. 123. « Complures confraternitates per Neustriam erectæ. »

Fol. 132. Recueil sur l'université de Caen.

Fol. 151 v°. Sur Jeanne d'Arc.

Fol. 176. « De immaculata conceptione Deiparæ virginis Mariæ narratio historica. »

Fol. 199. « De pia innataque Franciscani ordinis propensione eximia in Gallos Francorumque regnum. »

Fol. 205. « Privilegiorum atque indultorum omnium a sede apostolica Franciscano ordini generaliter concessorum brevis elenchus. »

Papier. 350 millimètres sur 230. Ces cinq volumes sont écrits presqu'en entier par le P. Artus du Monstier.

Ces volumes, conservés au XVIIIe siècle chez les Recollets de Paris, sont entrés en 1798 à la Bibliothèque. — N° 966 du Supplément latin.

Demi-reliure en veau au chiffre de Louis-Philippe.

LATIN, NOUV. ACQ. **164**. — Cartulaire du prieuré de Saint-Cyr de

Friardel, au diocèse de Lisieux, comprenant 243 chartes du XIIIe siècle. La partie primitive s'arrête à la charte 202, et ne contient que des pièces antérieures à l'année 1290. Les additions, qui forment les n°s 203-234, vont jusqu'en 1298. Les n°s 235-243 sont relatifs à la famille des seigneurs de Friardel, et c'est sans doute par hasard que les deux feuillets qui les contiennent ont été reliés à la fin du cartulaire du prieuré. Une ancienne table des chartes du Cartulaire remplit les fol. 47-49.

Parchemin. 52 feuillets. 250 millimètres sur 162. Écriture du XIIIe siècle. Les fol. 1-13, 47-51 v° sont écrits à longues lignes ; le reste, sur deux colonnes.

Acquis en 1872.

Reliure en bois recouvert de peau blanche.

LATIN 5441 (en quatre volumes). — Copies et extraits des chartes de l'abbaye de Marmoutier, avec le dessin des sceaux ; recueil formé par Roger de Gaignières, d'après les originaux du chartrier de Marmoutier. Suit une liste alphabétique des principaux prieurés ou domaines auxquels se rapportent les pièces du recueil, avec renvoi aux passages concernant ces prieurés et domaines :

Amiens (Saint-Denis d'). I, 149.
Ancenis. III, 397.
Angers (Saint-Éloi d'). I, 391.
Angleterre (Prieurés d'). II, 483.
Arceys, dioc. de Troyes. I, 225.
Auneuil, dioc. de Beauvais. I, 169.
Azenay. I, 347.
Ballée (La), dans le Bas-Maine. I, 173.
Basinville. I, 249.
Beaurain. II, 9.
Becherel. III, 339.
Bellême. II, 289.
Beré. III, 328 et 419.
Bertencourt. II, 113.
Biencourt. I, 291.
Blois (Grenceterie de). IV, 45.
Bohon, dioc. de Coutances. II, 25.
Boire. II, 443.
Bonne-Nouvelle d'Orléans. II, 455.

Vivoin. II, 249.

Dans le tome I, feuillets préliminaires A-C, liste des layettes du chartrier de Marmoutier, avec l'indication de celles dont Gaignières avait fait des extraits. — Sur le feuillet D, liste des prieurés de Marmoutier dont les titres avaient été compulsés par les bénédictins chargés d'écrire l'histoire de Bretagne.

A la p. 3 du t. I, catalogue des abbés de Marmoutier.

Une notable partie du t. III (p. 449-460) est remplie par une copie des extraits que les bénédictins bretons avaient pris dans l'abbaye de Marmoutier et qui sont contenus dans le ms. français 22322. Ces extraits portent non-seulement sur les titres originaux des prieurés bretons de Marmoutier, mais encore sur les morceaux suivants : 1° Cartulaire de Marmoutier pour les biens situés en Bretagne (p. 431) ; 2° Vie de saint Malo, tirée d'un légendaire de Marmoutier et commençant par ces mots : « Igitur vir ven. » sanctus Machutus in Britannia provincia natus est et sub doc- » trina.... » (p. 440); 3° Statuts synodaux du diocèse de Tréguier, depuis 1330 ou environ jusqu'en 1415 (p. 443).

Dans le t. IV se trouvent principalement les anciens diplômes royaux et des titres mêlés.

Papier. Au tome I, 503 pages, plus 3 feuillets préliminaires cotés A-E, plus encore les fol. 134 bis et 488 bis ; au tome II, 534 pages ; au tome III, 509 pages, plus 6 feuillets préliminaires cotés A-F ; au tome IV, 465 pages. 390 millimètres sur 250. Écriture de la fin du XVIIe siècle, probablement de 1699, de la main de Gaignières et de celle de Barthélemi Remy.

N° 222 de Gaignières.

Demi-reliure en veau, dos maroquiné rouge, au chiffre de Louis-Philippe.

LATIN 5442. — Cartulaire de l'abbaye de Marmoutier pour les biens situés dans le Vendomois. Il contient des actes cotés I-CLXXXVIII ; la fin de l'acte CXXX et les actes CXXXI-CLVII occupaient le cinquième cahier, qui n'existe plus et dont l'absence a été constatée dès le XVIIe siècle. A la fin du volume il doit manquer un ou plusieurs cahiers.

Parchemin. 40 feuillets. 330 millimètres sur 250. Écriture de la fin du XIe siècle ou du commencement du XIIe. Sauf les fol. 37-39, chaque page est divisée en deux colonnes.

Au bas du fol. 1 la signature de J. A. de Thou a été effacée.

N° 1747 de Colbert. — N° 7493. 10. A de l'inventaire de 1682. — Reliure en parchemin du XVIIe siècle.

LATIN 12874. — Cartulaire de l'abbaye de Marmoutier pour les biens situés dans le Dunois. Il contient des actes cotés I-IIII^xx^ XV. La Société archéologique de Châteaudun publie une édition de ce cartulaire, préparée par M. Mabille.

Parchemin. 49 feuillets. 280 millimètres sur 200; mais les dimensions des différents feuillets sont fort inégales. Écriture du commencement du XIIe siècle.

N° 446.3 ou 446.4 du fonds latin de Saint-Germain.

Demi-reliure en parchemin, du XIXe siècle.

LATIN 7761. — Fragments de deux manuscrits.

I

Fol. 1. « Incipit epistola Anselmi peripatetici ad Drogonem phylosophum. Venerabili suo Droconi magistro, Anselmus perypatheticus, salutem in Christo. Intencio raciocinantis animi... »

Fol. 3 v°. « Anselmi perypathetici, sanctæ Mediolanensis ecclesiæ filii, retorimachiæ liber primus incipit. Quidam olim tegnosus ante portas... » — Fol. 16. « Liber I explicit. Secundus incipit : Quadam nocte, cum dormirem primo noctis tempore.... » — Fol. 28. « Explicit liber secundus. Incipit III : Nocte quadam igitur in Quadragesima.... — (fol. 36)... sicque de tali homine post in quarto libro sit deliberare. De hac vero causa prestolare, frater, dum redeam a capella ut cum a curte regia accepti tunc operis habeas promissa. »

Fol. 36. « Epistola Ansalmi *(sic)* ad Droconem magistrum et condiscipulos de logica disputatione in Gallia habita. Droconi magistrissimo et ejus discipulissimis, Anselmus, gratia Dei et vestra imperatorius capellanus. Magnificat anima mea Dominum.... »

Parchemin. 37 feuillets, plus les petits feuillets intercalaires cotés 4 bis, 28 bis, 32 bis. 184 millimètres sur 140. Écriture du XIe siècle.

II

Fragment d'un commentaire [de Servius ?] sur Virgile, livres IX-XII de l'Énéide. La première page (fol. 38) est presqu'entièrement effacée; la dernière (fol. 71 v°) s'arrête aux mots : « Esto nunc sol testis. Bene cum primo invocat Deum quem orientem intuens vidit. Nam ait illi : Assurgentem conversi lumi.... »

Parchemin. 34 feuillets, cotés 38-71. 186 millimètres sur 143. Écriture du XIe siècle.

Au bas du fol. 1, signature de J.-A. de Thou.—N° 5046 de Colbert. — N° 6458.5.5 de l'Inventaire de 1682.

Couverture en parchemin du temps de de Thou.

FRANÇAIS **24246**. — Les Aphorismes d'Hippocrate, avec le commentaire de Galien. Traduction française, commencée le 9 septembre 1362 par « Martin de Saint Gille, en ars et en medecine maistre et de long temps estudiant en theologie et prest de lire en ladicte faculté [de Paris]. » Dans la préface (fol. 4 et v°), le traducteur donne des détails sur lui, sur ses maîtres et sur ses protecteurs.

L'ouvrage commence par une table : « Ce present livre est appelé le livre des Amphorismes Ypocras, lequel livre contient sept volumes de livres particulliers, dont le premier livre contient vint cinq amphorismes ou chappitres, qui ensuient.... » (fol. B).

Commencement de l'ouvrage (fol. 1) : « Vita brevis, ars vero longua etc. En ensuivant les docteurs et acteurs de medicine et des autres sciences, il est droit et raison, coustume et neccessité que je appelle le nom et aide de Dieu.... » — Fin (fol. 191 v°) : « Et ainsi est feny et acompli le VIIe livre, ou la VIIe partie d'Amphorismes, et par consequent tous les VII livres entierement et plainement, avecques le comment de Gallien, à l'aide de Dieu tout puissant et de la très doulce vierge Marie et de la vierge saincte Katherine et saint Nicholas, confesseur, et au très haut conseil du saint esprit.... auquel gloire, loenge, benediction et action de graces, maintenant et tousjours. Per omnia secula seculorum. Amen. Finito libro laus sit gloria Christo. »

Cet exemplaire fut copié à Rouen en 1429-1430 par Jean Tourtier pour le duc de Bedford, comme l'indiquent les deux notes suivantes « En l'onneur et en la reverence de très hault, très excellent et puissant prince monseigneur le regent le royaulme de France, Jehan, duc de Bedford, ceste copie a esté faitte de par venerable et discrète personne maistre Jehan Tourtier, son cirurgien licencié et approuvé en l'estude à Paris, et fu commencie à Rouen, l'an de grace mil CCCC vint neuf. » (fol. 1) — « Icy fine le livre des Amphorismes Ypocras en medecine, avecques les commens de Galien, tranlaté de latin en françoiz, ouquel se aucune faulte est trouvée au regart de l'escripvain, ou autrement, je Jehan Tourtier, cirurgien, licencié et aprouvé en l'estude à Paris, et de très haut, très excellent et puissant prince mons. Jehan, duc de Bedfort, regent le royaume de France et protecteur du royaume d'Angleterre, supplie très humblement à tous mes seigneurs et maistres maistre Raoul Palnin, gradué en l'estude à Paris, confesseur et phisicien de très haute, très excelente et puissant princesse madame Anne, duchesse de Bedford, et à mon très cher et especial maistre maistre Jehan Major, premier phisicien en honneur et reverence du dit prince, gradué en l'estude d'Auxonford ou royaume d'Angleterre, et à mon maistre maistre Roulant l'Escrivain, phisicien et astrologien, gradué en la très noble estude de Paris, il leur plaise corriger et amender amiablement ladicte escripture et faultes, s'aucunes en y a selon l'entendement d'Ypocras et de son vray commentateur Galien, et advertir ou humblement mouvoir le très haut, très excellent et puissant prince dessus dit, à l'acroissement de celle science, au salut et prosperité des corps humains et à l'extirpacion des ygnorans abuseurs de la pratique d'icelle, sans aucune fondacion de science, priant Dieu pour les trespassez. Ainsi finée à l'onneur de Dieu tout puissant, et comme dessus est dit, le mercredi premier jour de fevrier mil cccc xxix. »

Parchemin. 191 feuillets, plus 4 feuillets préliminaires, cotés A-D. 326 millimètres sur 256. Écriture sur deux colonnes, de l'année 1429-1430. Sur les encadrements de plusieurs pages, on remarque les caractères propres aux manuscrits du duc de Bedford : des racines, l'antilope, l'aigle portant une couronne au cou, et les devises : A VOUS ENTIER — J'EN SUIS CONTENTE.

Du fonds de Notre-Dame de Paris, n° 173, et plus anciennement L 47. Relié en cuir de Russie, au chiffre de Louis-Philippe.

LATIN **11529** et **11530**. — Glossaire attribué à Ansileube. Ce glossaire, qui à l'origine ne devait former qu'un seul volume, est depuis longtemps divisé en deux tomes. Le premier tome, comprenant les lettres A-E, commence par ces mots : « A in omnibus gentibus ideo prior est litterarum pro eo quot ipsa prior nascentibus vocem aperiat ; » et finit par ces mots : « Ezechihel : Fortitudo vel imperium Domini. Ezefici.... » Le second tome (ms. 11530) comprend les lettres F-Z, et commence ainsi : « F littera si cujuslibet liquide aut mutae preponatur, ut est Africanus, dulcifluus, communem et hec sillabam facit; » derniers mots : « Zozaicus, circulus est qui ex linearum quinque angulis ex una linea constat. Zozia signa. » — Pour donner une idée des textes employés par l'auteur de ce glossaire, voici le relevé des autorités qui sont citées dans les huit premiers feuillets : « Virgili. Orig[enis]. Placidi. de glosis. Ciceronis. Esidori. Euceri. Yppocratis. Augustini. Hieronimi. Galeni. Horosi. Serapionis. Pauli. Ambrosi. Eutropi. ex differentiis. »

Parchemin. 145 feuillets au premier volume, et 246 au second. 540 millimètres sur 360. Écriture sur trois colonnes, du VIIIe ou du IXe siècle. L'ouvrage est presque tout entier transcrit en caractères lombardiques.

Dans le premier volume, au bas du fol. 145 v°, est une note du XIIIe siècle, ainsi conçue : « In memoriali istius libri sive wadimonio, quod dicitur Johannes ewangelista, ista continentur : Iste liber est memoriale prime partis Papii, datus a Jacobo Eofart, clerico,... Johannes de Roulloi, clericus cardinalis, et traditus Henrico thesaurario. » Cette note montre qu'au XIIIe siècle notre glossaire passait pour être l'œuvre de Papias et que le premier volume en fut emprunté par un clerc qui remit pour gage au trésorier Henri un évangile de saint Jean.

Plusieurs passages de ce ms. sont figurés dans le *Nouveau traité de diplomatique*.

Donné à Saint-Germain en 1680 par Claude Joly. — Ajouté sous les n°s 501 et 502 au catalogue de 1677. — N°s 12 et 13 du fonds latin de Saint-Germain.

Reliure en maroquin rouge, au chiffre de Napoléon III.

FRANÇAIS **2497**. — « Le premier livre de l'Iliade du prince des poëtes Homère, traduict par Salel. »

Pour frontispice (fol. 1) l'écu fleurdelisé, avec le collier de l'ordre de Saint-Michel, se détachant sur un fond rouge semé de F couronnés. Au bas, la Salamandre avec la devise : NUTRISCO (sic) ET EXTINGO. Au revers du même feuillet, on lit la dédicace :

AU ROY

L'antiquité a mis en si hault pris
Ce grec autheur que par gloire notable
L'a surnommé père des bons espritz.
En poesie utile et délectable,
Il a esté divin et admirable,

Parfaict en tout, n'ayant faulte de rien,
Fors d'ung grand roy, à vous, sire, semblable,
Pour le nourrir et luy faire du bien.

Parchemin. 84 feuillets. 172 millimètres sur 123. Écriture du XVI[e] siècle.

N° 2604 de l'inventaire de Rigault. — N° 1447 de l'inventaire de Dupuy. — N° 8204 de l'inventaire de 1682.

LATIN 8502. — Histoire fabuleuse d'Apollonius de Tyr. Commencement : « Fuit quidam rex in Antiochia civitate nomine Antiochus, habuit ex Amissa conjuge filiam specio[si]ssimam, in qua natura nichil erravit... » Fin : « Casus igitur suos ipse descripsit et duo volumina fecit, unum in templo Dyane Ephesiorum, aliud bibliotece sue.

Hic fuit infelix juventutis tempore sue
Finis vero felix, prout hic describitur esse.
Ergo velit prudens securam ducere vitam. »

Parchemin. 27 feuillets. 282 millimètres sur 197. Écriture italienne du XIVe siècle. Sur la plupart des pages des blancs ont été réservés comme pour recevoir des dessins ou des peintures.

Au haut du fol. 26 v°, note du commencement du XVe siècle : « Iste liber Apolonii est domini Antonii de Rolandis, gen[eralis] colat[eralis] magnifici et preclari domini domini comitis Blandrate etc. in Alexandria, et filiorum suorum, videlicet fratris Jacobi, fratris predicatoris, Johannis, Petri et Ambrosoti, fratrum de Rolandis. » Mauvaise lecture et mauvaise explication de cette note dans *Medieval greek texts*, by W. Wagner, p. 94-101.

Sur la feuille de garde, au commencement, on lit cette note, qui se rapporte au classement de la bibliothèque de Pavie ou de la bibliothèque de Blois : « Tabula artis militaris III versus fenestras ad terram pro historia liber V. »

N° 4036 de l'inventaire de Rigault. — N° 4430 de l'inventaire de Dupuy. — N° 5252 de l'inventaire de 1682.

Reliure en veau, le dos fleurdelisé, du temps de la Restauration.

Nogent-le-Rotrou, imprimerie de A. Gouverneur.

www.ingramcontent.com/pod-product-compliance
Lightning Source LLC
LaVergne TN
LVHW010057230826
846091LV00005B/1972
9782011302694